GOOD BYE, 주저리주저리

_____ 님의 아이디어가
한 장으로 근사하게 정리되길 빕니다.

산으로 가지 않는 정리법

#Good bye 주저리주저리
#생각정리정돈
#도식화 실무내공

이 책에서 얻는 것

1. 복잡한 생각을 몇 개의 키워드로 뽑아 시각화하는 것

2. 여기저기 흩어져 있는 정보 도식화로 한 장 정리하는 것

3. 사고를 구조화하고 정리하는 것

4. 복잡하고 긴 내용 쉽고 빠르게 정리해서 보여주는 것

5. 하고픈 말 포인트만 딱딱 정리해서 보여주는 것

그래서 말하고 싶은 게 뭔데?

산으로
가지 않는
정리법

글 박신영
그림 린지

Contents

감사의 말   8

Prologue   그래서 말하고 싶은 게 뭔데?   12

1 결론부터
한 장으로 그리자   17

2 왜?
뇌가 글보다 그림을 좋아하는 3가지 이유   21

3 그래서 어떤 그림?
보여줘야 할 3가지   37

4 실전에 적용하면?

9가지 방법론과 실제 예시 30개   47

- 순환   51

- 표   65

- 쪼개기   83

- 흐름   107

- 비교   135

- 공통점   155

- 피라미드   167

- 공식   183

- 이건 마치   195

5 적용 후 변화

그리니 남더라   207

Epilogue 뿌.   216

감사의 말

덕분에 삽니다

태초에 하나님이 천지를 창조하시니라. (창세기 1장 1절)

최초이자 최고의 디자이너이신 하나님, 내 삶의 그림을 함께 그려주시는 하나님께 감사드린다.

이 책은 주저리주저리를 한눈에 보이게 정리하는 방법을 고민하는 사람들을 위해

➡ 2014년 조선일보에 게재했던 칼럼 '도식화: 복잡한 생각을 1장으로 정리하는 방법'을 모아
➡ 2014년 『보고의 정석: 상대의 머릿속에 그림을 그려주는 생각 표현의 기술10』 책을 내게 되었는데
➡ 이후 강의를 진행하며 질문을 계속 받게 되어 보완의 필요성을 느껴 기존 책 절판 후, 원리를 더 연구하고, 현장 사례를 추가하여 재탄생하게 되었다. (기존 책 내용 10% + 새롭게 추가 90%)

도식화 칼럼의 시작점이 되어준 디자이너 린지 님께 감사하고, 첫 책의 시작점이 되어주신 담당자님께도 감사하다. 이 책에 나오는 예시들을 만드느라 함께 고군분투해주신 분들께도 찐한 감사를 전한다. 따뜻한 리뷰로 함께 해주시는 독자님께도 참으로 감사드린다. 무엇보다 이 책을 쓸 수 있는 시간을 배려해준 남편과 딸에게도 감사를 전한다. 홀로 할 수 있는 일이 단 하나도 없음을 절감하며, 매일 새롭게 감사를 전한다.

덕분에 삽니다.

박신영

감사의 말

　항상 좋은 에너지가 넘치는 신영 씨와 또 한 번 작업할 수 있어서 즐거웠습니다. 언제나 제 그림을 좋아해주고 믿고 맡겨주어 고맙습니다. 그리고 책을 봐주시는 모든 독자분들에게도 감사의 말씀 전합니다.

그림 린지

어디서 타는 냄새 안 나요?

#똥줄

생각은 있는데 정리가 안 돼

그래서 말하고 싶은 게 뭔데?

내 생각을 실컷 말하고 난 뒤

꽤 자주 들었던 말.

"그래서 말하고 싶은 게 뭔데."

말을 했는데 말하고 싶은 게 뭐냐니. 너무 열받고 힘 빠지지만 스스로도 내 말이 산으로 가고 있는 걸 느낄 때 참 많이 절망했다.

더군다나 업무 중 이 말을 듣는다면 서로 유감스럽다. 감정적인 것보다 더 문제인 건, 상대방이 못 알아들으면 일 진행 자체가 안 된다는 것.

비슷한 말로는

"한눈에 안 들어와." (그래서 모르겠어)

"너는 생각이 너무 많아." (그래서 모르겠어)

"결국 뭐한다는 거예요?" (진행하고 싶어도 무슨 말인지 몰라서 못하겠네요)

"잘 들었어요. 근데 어렵네요." (뭔가 그럴듯한 것 같긴 한데 하나도 못 알아들었어요)

이 모든 말들이

"내 머릿속에 그림이 안 그려져!"

라는 뜻임을 알게 되었을 때,

'그렇다면 상대방의 머릿속에 그림을 그려줘야겠다.'

하고 그 방법론을 10여 년 만에 조금씩 알게 되었을 때

일, 말, 글이 수월해졌음을 고백한다.

이 책을 쓰면서도 계속 나에게 물었다.

"결국 이 책에서 말하려는 걸 한 장으로 하면?"

"'이거'요."

'이거' 한 장이 남을 때까지 정리했고 고민했다.

스스로의

구구절절 + 주저리주저리 + 횡설수설에 지쳐 있다면,

오늘도 힘겹게 산으로 가고 있다면,

〈한 장 도식화 그리기 One Visual Summary〉를 함께 훈련해보자.

결론부터

한 장으로 그리자

결론부터 말하면

한 장 도식화를 그리자는 거다.

좀 더 구체적으로 말하자면 나의 길고 긴 주저리주저리를 아래의 도
식화 9가지 중 하나로 그리는 연습을 해보자는 것이다. 그걸 왜 해야
하는지 어떻게 하면 되는지 하나하나 알아보자.

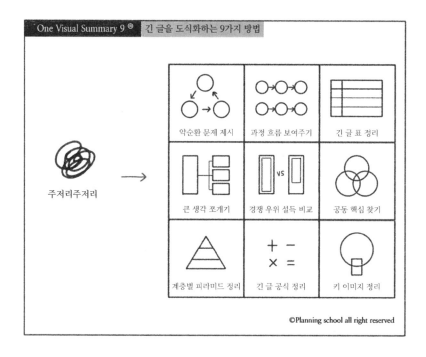

왜?

뇌가 글보다 그림을 좋아하는 3가지 이유

우선, 현실 인식

미국의 행동과학연구소 NTL^{National Training Laboratories}의 연구결과에 따르면, 내가 말한 것 중 상대방이 24시간 후 기억하는 것은 5%뿐이라고 한다. 이 허망한 현실을 그림으로 그려보면 22쪽 그림과 같다.

내 머릿속에 정보는 가득하지만, 그걸 말로 옮기기란 쉽지 않다. 애써 옮겨도 상대방이 온전히 이해하기는 쉽지 않다. 기억하게 만드는 건 더 어렵다. 심지어 내가 한 시간 동안 말한 내용을 상대방은 하나도 기억 못 할 수도 있다. 그러니까 이 현실을 직시하고 **기억할 수 있을 한 장이라도 정리해서** 상대방에게 줘야 한다. 그게 바로 이 책에서 말하는 현실 인식이자 과제다.

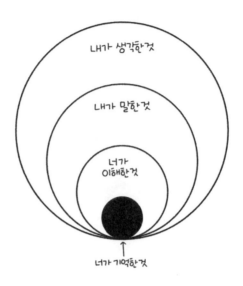

내가 생각한 것

내가 말한 것

너가 이해한 것

↑
너가 기억한 것

정보 나열 vs. **포인트 각인**

"양재역 3번 출구에서 쭉 50m를 가면 스타벅스가 보여. 그 모퉁이에서 오른쪽으로 돌아. 그리고 신영마트가 보일 때까지 가. 신영마트를 보면 왼쪽으로 틀어. 그리고 30m를 더 가. 그러면 성지빌딩이 보여. 그 빌딩 끼고 오른쪽으로 돌면 6번째 건물에 '기획스쿨' 간판이 보일 거야."

2번째 정보까지는 얼추 따라가다가 까먹은 상대방이 다시 묻는다.

"네? 모퉁이...에서 어떻게 하라고 했죠?"

따발총처럼 쏟아지는 정보들은 이해도 이행도 기억도 어렵다. 어떻게 하면 이 많은 정보를 좀 더 효과적으로 정리하고 전달할 수 있을까? 최소한 주요 정보를 정리해서 줘야 한다.

○ [포인트] 정리 스타벅스, 신영마트, 성지빌딩

  1. [스타벅스] 끼고 우회전

  2. [신영마트] 보이면 좌회전 후 직진

  3. [성지빌딩] 보이면 우회전 후 6번째 건물

○ [관계] 정리 각 포인트 간 관계 그리기

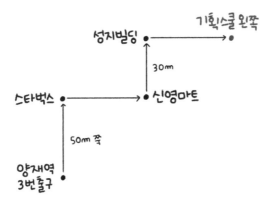

이 한 장을 보여주고 손가락으로 각 포인트를 짚으며 말하는 거다.

"양재역 3번 출구에서 50m 직진 후

3가지를 기억해"

1. [스타벅스] 끼고 우회전
2. [신영마트] 보이면 좌회전 후 직진
3. [성지빌딩] 보이면 우회전 후 6번째 건물

머릿속에 전체적인 그림이 슬며시 그려지고 포인트 3가지가 정리된다. 물론 '지도'를 그렸다는 것이 중요한 게 아니라 '어떤' 지도를 그렸는지가 중요하다. 알 필요도 없는 것들만 다 때려 넣은 지도 말고, 상대방이 알아야 할 포인트 3가지가 명확하게 보이는 지도여야 한다는 게 핵심.

정보를 전부 나열한다고 해서 상대방이 다 알아듣는 것은 아니다. 냉정하게 '현실 인식'을 잘하는 사람들은 도식화를 그리게 된다. 도식화가 좋은 이유는 수많은 정보 중 **정보의 [포인트] + 각 포인트의 [관계]**가 보이기 때문이다. 그래서 우리의 말과 글에 이 포인트와 관계를 정리하고 보여주는 훈련이 필요하다.

정보의 지도를 보여주면 적어도 상대방은 길을 잃지 않는다. 혹 길을 잃더라도 다시 따라올 수 있다. 서로 길을 잃지 않도록 정보의 지도 한 장 그리기를 함께 시작해보자.

뇌 관점에서 점검

미국 자동차 회사 '포드'의 창설자인 헨리 포드는 말했다. '성공의 비밀은 다른 사람의 관점으로 세상을 볼 줄 아는 데 있다'. 상대방의 관점에서 보면 내 이야기는 (특히 업무 관련) 길고 지루하게 느껴지는 경우가 대부분이다. 그때 "결국 '이거' 말하고 싶은 건데요." 하고 한 장 보여주며 이야기하면 서로 소통이 좀 더 수월해진다. 왜 긴 글보다 그림 한 장이 더 잘 먹힐까?

집중력을 잃어버린 시대

2013년 마이크로소프트에서 뇌파 측정 연구로 알게 된 '주의 지속시간' 발표에 따르면, 인간이 한 사물에 집중하는 시간은 8초에 불과하다고 한다.

2008년 영국의 일간지 『텔레그래프』가 성인 천 명을 대상으로 조사한 결과, 현대인이 한 가지 일에 집중할 수 있는 시간은 5분 7초였다. 10

년 전 결과인 12분보다 절반 이상 떨어진 수치다.

집중력은 시간이 흐를수록 계속 쭉쭉 떨어지고 있다. 왜일까? 휙휙 지나가는 영상과 0.2~0.3초 만에 화면을 쓱쓱 넘기며 보는 스마트폰에 익숙해진 시대이기 때문이다.

쓱- 넘길 때 눈에 안 들어오면 안 보게 된 세상

긴 글이다 싶으면 쓱 훑고 스크롤을 내리고, 긴 기사는 앞에 몇 줄 읽다가 댓글만 본다. 그런데 내가 쓴 주저리주저리 글은 읽어달라고? 말이 안 된다.

24시간 동안 수많은 정보를 입력받는 피곤한 뇌 입장에서 글보다 그림을 선호하는 이유를 3가지만 간단히 살펴보자(이미 납득되었으니 이유는 됐고, 어떻게 하는지 방법론부터 보고 싶은 분들은 다음 내용 패스하시고 Chapter 3부터 보시면 된다).

1. 뇌는 쉬워 보이는 걸 좋아한다

긴 글은 노력해야 읽히고 그림은 쓱 봐도 보인다(물론 너무 복잡하게 그린 그림은 '간단 정리를 위한 그림'이란 목적을 상실하므로 논외로 한다).

우리 뇌가 가진 능력 중 '전주의 과정pre-attentive process'이란 게 있다. 쉽게 말해 의식적으로 노력을 하기 전에 알아보는 능력이 있다는 거다. 당연히 긴 글보다 그림이 이에 적합하다.

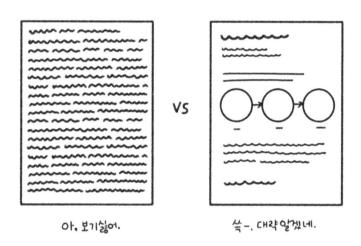

아, 보기싫어.   쓱-. 대략 알겠네.

인간이 시각적 자극을 지각하고 정보 처리를 진행하는 시간은 0.3초라고 한다. 그렇기 때문에 대부분 쓱 훑고 나서 "그래서 하고 싶은 이야기가 뭔데?" 하고 묻는다. 만약 그 **0.3초 안에 눈에 들어오는 뭔가가 있다**

면 '좀 더 봐야겠네' 하는 생각이 들 수 있다.

2. 그림이 글보다 기억에 더 잘 남는다

내가 말을 했는데 상대방이 "머릿속에 남는 게 없네" 한다면, 머릿속에 남을 그림을 하나 줘야 한다는 거다. 글은 가루 같아서 체에 거르면 다 빠진다. 하지만 그림은 덩어리 같아서 빠지지 않고 뇌리에 남을 가능성이 크다.

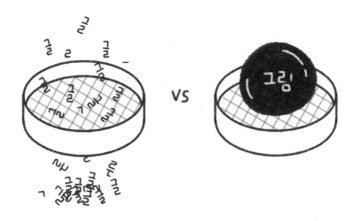

실제 연구결과에 따르면 글보다 그림이 기억하는 데 있어 우월하다. 인지심리학의 '그림 우월성 효과'에 따르면, 텍스트로 정보를 본 사람의

기억력은 10%, 그림이 더해진 정보를 본 사람의 기억력은 65%로 6배 이상 차이가 난다고 한다. 심지어 그림 정보를 보고 1년이 지났을 때에도 기억 정확도는 63%나 된다고 한다.

이유가 뭘까? 뇌과학자들에 따르면, 글씨는 보는 사람의 상상을 돕는다. 언어학자들은 이를 '시니피앙'과 '시니피에' 혹은 '기표'와 '기의'라는 개념으로 설명한다. 쉽게 말해 '커피'라는 단어에는 기호의 표현인 '커피'가 있고, 기호의 의미인 '커피를 들었을 때 떠오르는 개념, 의미'가 있다는 거다.

여기서 문제가 생긴다. 사람마다 '커피'라는 하나의 단어에 대해 각각 다른 이미지를 상상하게 된다는 거다. 어디 원두가 맛있는지 커피생산국을 떠올리거나 나에게 커피를 알려준 사람을 떠올리기도 한다. 혹은 누군가는 '커피=야근'을 떠올릴 수도 있고, 커피머신을 결혼하는 친구에게 막 선물해준 상황이라면 '신혼부부 선물'을 떠올릴 수 있다.

이렇게 사람마다 각각 다른 개념과 이미지를 갖게 되는 순간, 우리는 각자 전혀 다르게 해석하고 기억하게 된다. 하지만 하나의 그림one

한 단어 다른 경험 → 다른 해석 → 다른 기억

한 그림 ──────────────→ 같은 기억

outcome image을 공유하면, 상상력을 제한하여 서로 확정된 하나의 정보를 갖게 되니 기억하는 데 더 유리하다.

예를 들면, 유아기에 아이들의 상상력을 키우기 위해 영상 보는 것을 줄이고 동화책 읽기를 장려하는 건 반대로 이걸 이용한 경우라 할 수 있다. 그러니 아이데이션 과정에서는 제한 없이 각자 마음껏 그림을 그려 더 좋은 아이디어를 향해 나아가는 게 맞지만, 그것을 정리해야 할 때는 오히려 **한 개의 명확한 그림으로 상상을 의도적으로 제한해야** 그 한 가지가 명확히 전달되고 기억된다.

그래서 내가 말하려는 내용의 논리와 핵심을 도식화 한 장으로 그려 기억할 것을 <u>지정해주는 거다.</u> 훨씬 효율적으로 전달되고 기억될 수 있다. 물론 도식화는 전체 내용을 제한한다는 점에서 태생적 한계를 갖는다. 그래서 선택을 해야 한다. 모든 걸 다 말해서 하나도 남지 않게 할 것인지, 하나라도 명확히 남게 할 것인지. 적어도 비스니스 현장에서는 후자가 필요하다.

흩뿌리기 vs 하나만 던지기

대학교 시절 들었던 대부분의 수업 내용은 잊었더라도, SWOT 분석이나 BCG 매트릭스처럼, 'ㅇㅇ모델' 혹은 'ㅇㅇ이론'이라고 일컫는 이론들은 기억에 많이 남아있다. 아무리 길고 복잡하고 어려운 이론일지라도 결국 한 장으로 정리해준 석학들의 현실 인식과 센스에 감탄을!

3. 글씨보다 그림이 힘이 세다

스피치 책 100권을 읽으면 그중 99권에서 인용하는 연구결과가 있다. 바로 미국 UCLA의 심리학과 명예교수인 앨버트 메라비언이 그의 저서 『침묵의 메시지Silent Message』에서 말한 메라비언의 법칙.

그동안 책에 나온 연구결과만 읽어서 실험의 진정한 의미를 몰랐었는데, 실험의 전반적인 내용을 알고 나니 그 결과가 더욱 흥미로웠기에 공유한다.

이 실험의 목적은 정보가 '동시에' 들어올 때 어떤 정보를 '우선으로' 타인의 감정을 파악하는지를 알기 위함이라고 한다. 3개(긍정, 중립, 부정)의 단어 이미지를 준비하고, 3개의 감정을 실어 녹음한 후, 3개의 표정 사진을 준비한다. 실험자에게 녹음한 것과 사진을 동시에 제시하되 모순되게 보여주는 것이 이 실험의 핵심이다. 예를 들면 긍정 단어를 부정 언어로 들으면서 중립 표정을 보게 하는 것이다.

이 실험으로 이런 **모순되는 상황에서 무엇에 가장 영향을 받는지**, 즉 무엇이 상대적으로 더 힘이 센지를 알아볼 수 있다.

결과는 널리 알려진 대로,

  o **언어정보**   7%
  o **청각정보** 38%
  o **시각정보** 55%

3가지가 상충되는 상황에서, 시각정보가 가장 큰 영향을 준다는 것은 매우 인상적이다. 같은 맥락에서 지시문과 그림이 상반되는 경우, 대부분의 사람들은 글보다 그림의 내용을 따른다는 연구결과도 있다. 그림은 확실히 글보다 힘이 세다.

도식화만이 능사이고 유일한 키는 아니더라도, 없는 것보다는 훨씬 도움이 된다는 것을 3가지 뇌 이론으로 살펴보았다. 독자님이 애써 생각한 소중한 아이디어에 도식화 한 장 더하여 그것의 가치를 더 강렬하게 살리시기를.

긴 글보다 그림이 효과적인 3가지 이유

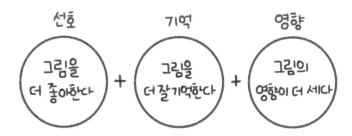

선호	기억	영향
그림을 더 좋아한다	그림을 더 잘 기억한다	그림의 영향이 더 세다

뇌의 전주의 과정	글 대비 6배 기억	글 대비 8배 영향력
0.3초 만에 쓱 보이는 그림 선호	상상력이 제한되어 확정된 기억 유도	*그림과 내용이 상반된 경우

그래서 어떤 그림?

보여줘야 할 3가지

근데 도식화가 뭐지

사전적 정의를 보면 도식화는 '사물의 구조, 관계, 변화를 그림으로 만듦'이라고 나온다. 여기에 핵심이 있다.

내 생각의

1. 구조
2. 관계
3. 변화

를 그림으로 정리하는 것

상대방에게 자주 듣는 말, '한눈에 안 들어와'는
이렇게 쪼갤 수 있다.

네가 보여준 정보들의

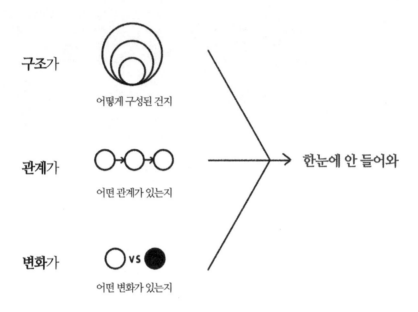

'네 **정보의 구조**가 한눈에 안 들어와, 네 **정보의 관계**가 한눈에 안 들어와, 네 **정보의 변화**가 한눈에 안 들어와'라는 말로 이해할 수 있다. 구조, 관계, 변화를 다 정리해서 보여줘야 할 때도 있지만 때론 구조만 정리해서 보여줘도 충분할 때가 많다. 기획과 제안이 아닌 단순 정보 전달인 경우 더욱 그렇다. 그래서 구조 정리만 잘 훈련해도 정보 전달이 훨씬 명료해진다.

앞서 이야기했던 지도 예시를 생각해보자. 길게 주저리주저리 이야기하는 것보다 지도로 이해하는 게 쉬웠던 이유는 다음의 3가지가 보였기 때문이다.

- **구조** 어떤 건물들이 있는지 (핵심 건물 3개)
- **관계** 그 건물들은 어떤 (위치) 관계에 있는지
- **변화** 결국 어디에서 어디로 (출발지에서 도착지) 갈 수 있는지

영화에서 미궁에 빠진 사건이나 실타래처럼 얽힌 비리를 풀기 위해 검사들이 '관계도' 그리는 장면이 곧잘 나온다. 누가 있는지, 핵심 인물 간의 관계는 무엇인지, 어떤 변화들이 있는지 정보의 구조, 관계, 변화를 파악하는 것이다.

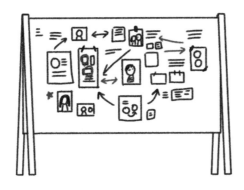

또 정치인 비리가 터졌을 때 기사를 보면 복잡한 비리 행각들을 모두 긴 글로만 전달하는 기사가 있고, 한 장 도식화와 함께 전달하는 기사가 있다. 전자는 그래서 누구랑 누가 연루된 건지, 누가 누구에게 돈을 줬다는 건지 기본적인 구조 파악조차 어려울 때가 많은 반면, 후자는 사건의 구조와 관계가 한눈에 들어온다.

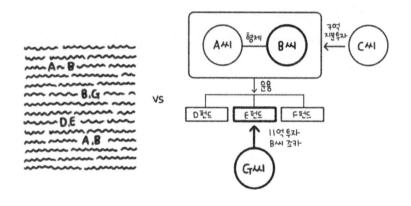

o **구조** 누구로 구성되어 있는지 핵심 주체 A, B, C를 동그라미로 구분

o **관계** 누가 누구에게 돈을 줬는지, 그걸 누가 받아 주가를 조작하고 위조했는지, 누가 누구랑 동창이라 밀어줬는지 등 핵심 내용을 적고 화살표로 표시

o **변화** 몇 년 전에는 어땠고 지금은 어떤지 시간순으로 정리 (위 예시는 현 상황을 알리는 경우라 필요없으므로 생략함)

'도식화'라는 말이 어렵게 느껴지는 분들은 '관계도Relationship Diagram를 그린다'고 생각하면 이해하기 쉽다. 관계도를 그리려면 먼저 누구로 구성되어 있는지 생각하고, 그들이 어떤 관계인지를 나타내는 게 너무나 당연하니까.

매우 복잡해 보이는 사건이나, 감성적 호소로 본질을 흐리려 노력하는 사건도 도식화 앞에서는 명료해진다. 이렇게 범죄와 비리를 다룰 때도 애써 도식화를 그리는데, 내가 가진 좋은 아이디어, 제품, 브랜드, 사업도 한 장으로 정리하는 게 당연하지 않은가. 상대방에게 좀 더 쉽게 이해되고 좀 더 잘 전달될 수 있도록.

3가지 정의 파악

뇌가 정보를 파악할 때 본능적으로 궁금해하는 3가지인 구조, 관계, 변화를 알아보았다. 이 3가지의 정의를 조금 더 점검해서 잘 적용할 방법을 생각해보자.

구조란 부분과 전체의 상태니까 우선 각 요소가 어떻게 전체를 이루고 있는지 정리해서 그려주는 거다. 각각의 요소가 무엇인지 그 구조가 무엇인지를 보여주는 건 도식화의 가장 기본. 어쩌면 너무나 당연한 건데 이걸 정리해주지 않아 이야기를 듣는 내내 상대방은 '결국 뭐랑 뭐

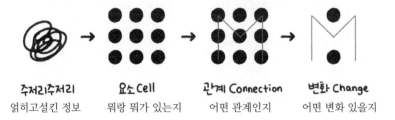

〈도식화 3C〉

추저리추저리
얽히고설킨 정보

요소 Cell
뭐랑 뭐가 있는지

관계 Connection
어떤 관계인지

변화 Change
어떤 변화 있을지

를 이야기하는 거지?' 하고 속 터져하는 경우가 많다.

구조를 그리기 위해서는 뭐랑 뭐가 있는지 요소 정리를 명확히 해야 한다. 이것만 잘해도 정보가 한눈에 보이는 경우가 많다. 길고 복잡한 말과 글에서 "뭐랑 뭐?" 하고 물었을 때 "이거랑 이거, 몇 가지." 하는 대답이 나올 때까지 정리하자.

[요소] 정리 뭐랑 뭐?

이후 각 요소들이 어떤 관련이 있는지, 관계의 종류를 정리해서 보여 줘야 한다. 공통 관계인지, 순환 관계인지, 비교 관계인지, 계층 관계인지 등. 자주 쓰는 9가지를 뒤에서 다시 다루겠다.

[관계] 정리 뭐랑 뭐는 어떤 관계?

이후 그 관계가 시간과 상황에 따라 어떤 변화가 있을지 정리해야 한다. 내 제안을 받아들이면 어떤 효과가 있는지, 제안으로 얻게 될 변화를 정리해주면 된다.

[변화] 정리 그러면 어떻게 되는데? 뭐가 바뀌는데?

내가 도식화를 통해 보여줘야 할 3C

○ [요소] Cell 뭐랑 뭐?

○ [관계] Connection 지금 어떤데?

○ [변화] Change 앞으로 어떻게 된다고?

요소 Cell	관계 Connection	변화 Change
뭐랑 뭐가 있는지	어떤 관계인지	어떤 변화 있을지

실전에 적용하면?

9가지 방법론과 실제 예시 30개

준비물 안내

이 책에서 말하는 도식화란 단순히 그림을 그리는 것이 아니라 정보의 요소, 관계, 변화를 알려주는 것에 목적이 있다. 그림이 목적이 아니고 **정리가 목적이다.** 그래서 최대한 단순하게 그리는 게 핵심이다. 더 그릴 수 있어도 시야를 분산시킨다면 그리지 않는 절제가 필수.

그래서 요소와 관계를 나타내는 최소한의 구성인
동그라미, 네모, 세모, 선 정도로만 그리길 추천한다.

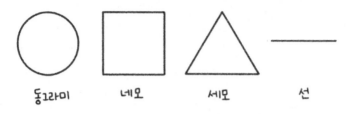

동그라미　　　네모　　　세모　　　선

기본 가이드

11년간 기업에서 기획서를 코칭하며 느낀 건 결국 도식화는 이 9가지를 크게 벗어나지 않는다는 것이다. 물론 기본기가 탄탄해지면 변주해서 그리기도 한다. 하지만 정보가 잘 보이기 위해서는 최대한 단순해야 하기에 결국 이와 비슷한 형태로 귀결되는 경우가 많다.

앞으로 이 9가지 방법론을 가지고 그린 실제 예시 30개를 살펴볼 것이다. 예시 몇 개를 보다 보면 감이 슬슬 잡히기 시작할 것이다. 그 후에는 책을 읽기만 하기보다 예시를 읽으며 **같이 그려본 후** 책에 나온 결과물과 스스로 그린 것을 비교하면 좀 더 학습에 효과적이다.

책에 나온 예시보다 정보가 더 잘 보이게 그렸다면 저자에게 보내 한수 가르쳐주시길. 나는 교육 현장에서 그저 이 9가지 틀과 예시를 보여줬을 뿐인데 훨씬 멋진 결과물을 만들어내는 학습자님들을 많이 만났다. 도식화에 대한 설명을 듣자마자 그 자리에서 바로 아이디어 특허를

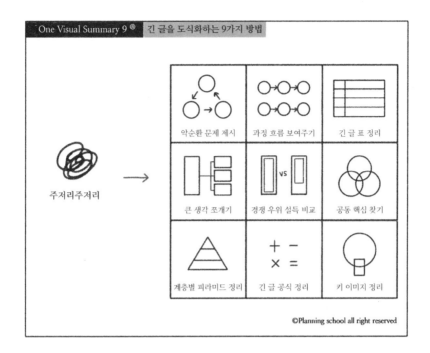

몇 개 정리했던 분도 기억난다. 물론 대부분은 처음 시작할 때 내가 그랬던 것처럼 이상하게 그리기도 하지만, 초안의 절대량이 쌓일 때 도식화 근육이 생기는 걸 많이 봤다. 그러니 계속 연습하셔서 나보다 더 멋진 아웃풋을 내신다면 매우 웰컴이자 영광.

현상이 복잡할수록 본질은 단순하게 정리하기,

시작해보자.

1

순환

주저리주저리   순환 정리

내 머릿속 주저리주저리를 순환 도식으로 정리하는 방법을
3개의 사례로 알아보자.

복잡한 상황을 정리할 때

예전에 인터넷에서 깊은 공감을 얻으며 돌아다니던 '신입사원의 비애'라는 그림을 보고 빵 터졌던 기억이 있다.

'어쩌라고…'

라는 씁쓸한 문장과 함께 여기저기 공유되는 걸 봤는데, '와, 이 사람 대단하다' 싶었다. 뭔가 불편하게 느끼고 있던 문제를 한 장의 악순환 도식으로 정리해내다니. 우리에게 필요한 기술이 딱 이거다. 얽히고설켜 있는 상황과 감정을 한눈에 딱 보이게 그려주는 기술.

〈신입사원의 비애〉

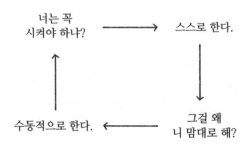

만약 "내 상사는 맨날 한 입으로 두말해. 어쩌라는 건지 모르겠어."
라고만 말한다면

'뭐, 어쩔 수 없는 거 아닌가.'

상대방은 이렇게 생각하기 쉬워 공감을 얻기 어렵다. 좀 더 정확히는
이해가 덜 되어 공감하기 어렵다. 그렇다면 좀 더 이해할 수 있도록 악순
환 도식을 그려 보여주며 이야기한다면,

'그러네. 계속 저런 악순환이구나. 반복되면 좀 헷갈리긴 하겠다.'

문제의 흐름이 한눈에 보이니 좀 더 이해하기 쉬워진다. 이렇게 악순
환 도식은 '문제'를 더 깊게 공감하도록 도와준다. 이걸 그린 사람의 머
릿속을 추론해보면

1. 요소 Cell

뭐랑 뭐가 있지?

상사와 나, 상사가 나에게 하는 말과 나의 반응.

　ㅇ 상사의 말: 너는 꼭 시켜야 하냐?, 그걸 왜 니 맘대로 하냐?

　ㅇ 나의 반응: 능동적인 나, 수동적인 나

2. 관계 Connection

말과 반응은 무슨 관계야?

끝없이 반복되는 악순환 관계. 그래서 그려진 악순환 도식.

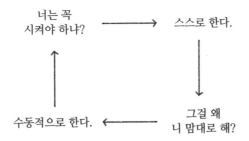

이 악순환을 계속 들여다보니 '아, 단순히 두말하는 게 문제가 아니라 서로 반대되는 말이라 상대방 입장에서 이도저도 못하게 되고, 그래서 일이 멈추는 것이 문제의 핵심이구나' 싶었다.

이렇게 문제의 흐름을 그리다 보면 문제의 핵심이 더 잘 보인다. 뭉쳐 있어 안 보이던 문제의 핵심, 문제의 시작점, 문제의 우선순위가 **보이니까 정리되는 것**이다.

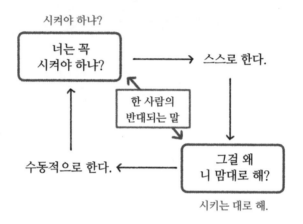

〈문제의 핵심: 반대되는 말〉

3. 변화 Change

이걸 어떻게 바꿔야 할까?

서로 반대되는 말 때문에 일이 멈춘다면, 말이 상충하지 않도록 기준을 정해줘야 한다. 어느 정도 예산까지는 스스로 하게 하고, 어떤 상황에서는 협의해서 하도록 기준을 정하자고 제안할 수 있게 된다.

물론 글로만 정리해도 이해되는 경우라면 이렇게까지 안 해도 된다. 하지만 '문제=상사가 한 입으로 두말하는 상황'이라고 써놨는데 상대 방이 상황을 이해조차 못한다면? 문제의 흐름이 쉽게 이해되도록 그려 주는 게 전달자의 센스.

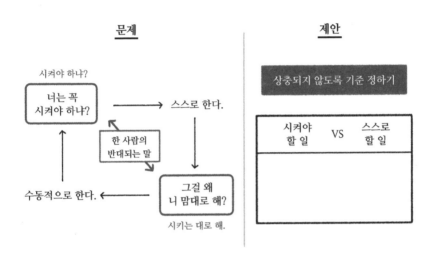

악순환을 정리할 때

또 다른 예시를 보자. 실무자 입장에서 자사의 구독 서비스 해지가 많아지고, 해지 방어는 쉽지 않은데 자꾸 관련된 루머가 인터넷 카페를 통해 퍼져서 루머를 바로잡는 활동이 필요하다는 이야기를 하고 싶었다. 이렇게 구구절절 적어서는 힘이 없으니 관련 '숫자'를 먼저 찾기로 했다.

- 20XX년 해지 약 10만 건
- 월간 해지 방어 300건
- A사건으로 계속되는 루머 (A 검색, 언제 기준, 몇 건)

이 정보가 눈에 좀 더 잘 보이려면? 앞에 뭐랑 뭐가 있는지 키워드 정리가 필요하다.

1. 요소 Cell

뭐랑 뭐?

높은 해지, 낮은 방어, 루머 확산으로 나눌 수 있다.

[해지↑] 약 10만 건 (20XX년 기준)

[방어↓] 약 3600건 (월간 300건, 20XX년 기준)

[루머↑] A사건으로 계속되는 루머 (A 검색 ○건, 20XX년 기준)

그냥 써놓으면 관련 정보를 막 나열해둔 것 같은데 키워드나 항목을 구분해놓고 세부내용을 쓰면 구조적으로 정리된 느낌이 든다. 무엇보다 해지, 방어, 루머 키워드가 먼저 눈에 들어오니 뒤에 관련 내용이 더 잘 구분되어 눈에 들어온다. 내가 적은 말이 막 나열되어 있다면 〔키워드〕, 〔항목〕 정리만이라도 꼭 해보시라.

각 요소가 무엇인지 알려주는 것만으로 충분한 경우도 있지만, 이 경우 상대방이 상황의 심각성을 좀 더 이해하도록 관계까지 그려주기로 했다.

2. 관계 Connection

각 항목들이 어떤 관계인지?

이 경우 해지가 많아지고, 방어는 안 되는데, A사건으로 루머는 확산되어 앞으로 해지는 더 많아질 악순환의 상황이다.

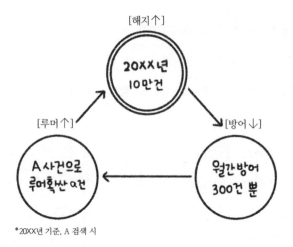

*20XX년 기준, A 검색 시

확실히 정보가 단순 나열되어 있는 것보다 악순환 관계가 보이니까 문제의 심각도가 좀 더 보인다. '아, 루머를 안 잡으면 이거 계속되겠구나'가 좀 더 정확히 눈에 보인다. 그 후 루머를 잡고 오해된 정보를 제대로 알리기 위해 어떻게 해야 할지 정리한 후 마무리했다.

앞의 과정을 정리해보면 얽히고설킨 아이들을 '무엇'과 '무엇'으로 나눈 뒤 그 관계가 눈에 보이도록 정리해주었다.

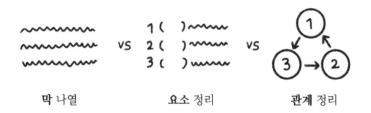

요소 다음으로 관계까지 정리하는 게 꼭 필수적인 건 아니다. 각 단계별로 정리 후 **무엇이 잘 보일지** 최종으로 보여줄 단계를 판단하시라. 어쨌거나 목표는 도식화가 아닌 전달이므로.

어려운 실험을 정리할 때

아이를 가졌을 때 산부인과 대기실에서 '아이에게 어떻게 칭찬해야 하는지'에 대한 영상이 반복적으로 나왔다. 너무 동의하면서 봤기에 관련 이론을 찾아보았다. 이걸로 도식화를 같이 연습해보자.

이름하여 '칭찬의 역설' 이론이다. 스탠퍼드 대학교 심리학과 교수인 캐럴 드웩 교수 연구팀이 초등학교 5학년을 대상으로 실험을 했다. 아이들에게 지능검사를 한 뒤 A집단에는 지능을 칭찬하고, B집단에는 노력을 칭찬한 것.

A. 지능 칭찬		B. 노력 칭찬
우와, 너 똑똑하다	vs.	우와, 너 정말 열심히 했구나.

그 후 아이들에게 더 어려운 문제와 쉬운 문제 중 무엇에 도전하겠냐고 물었을 때 A집단의 70%가 쉬운 문제를 택했고, B집단의 92%가 어려운 문제에 도전했다.

심지어 처음 난이도의 문제를 다시 풀게 했을 때, A집단은 평균 성적이 20% 떨어졌고, B집단은 30% 올랐다고 한다. 왜 이런 일이 일어났을까?

능력을 칭찬받은 아이들은 '다음 과제에서 지금처럼 잘하지 못하면 어쩌지? 머리가 좋은 게 아니었다고 실망시키면 어쩌지?' 하며 다음 실패에 대한 부담감을 갖고 걱정하게 되고, 이로 인해 오히려 성적이 떨어진다는 것이다. 이후, 원하는 결과를 못 얻으면 '나는 사실 머리가 나쁘구나' 느끼게 되어 더 무기력해지고, 또 실패하기 싫어서 다시 도전하지 않게 된다는 것이다.

칭찬을 했는데 오히려 그것이 아이에게 해로운 영향을 줄 수 있다는 실험 내용이 매우 인상적이었다. 그래서 이 중요한 내용이 좀 더 확실히 각인되도록 정리해보고 싶었다. 이 칭찬의 악순환을 함께 그려본다면?

1. 요소 Cell

'뭐랑 뭐?'가 보이도록 요소 정리하기.

길고 긴 실험 내용을 '뭐랑 뭐'로 나눠 이야기할지 생각해보았다. 뭐로 나눌지는 절대적 정답이 있는 영역이 아니니, 목적이 '전달'인 만큼 상대방이 이해하기 쉬울 만한 항목으로 나누면 된다. 나는 각 상황별 핵심 감정인 걱정, 무기력, 부담으로 구분하여 정리해보았다.

<능력을 칭찬받은 경우의 감정>

칭찬받을 때   결과가 나빠질 때   다음 도전할 때

각 요소로 전체 구조를 보여주는 것만으로 끝날 수도 있고, 각 요소들이 어떤 관계에 있는지까지 보여주면 정보를 이해하는 데 더 도움이 될 수 있다.

2. 관계 Connection

각 감정의 관계는?

[걱정]되고, 그로 인해 오히려 [성적]이 낮아지고, 그로 인해 더 심하게 [무기력]해지고, 그로 인해 도전을 회피하는 악순환의 상황으로 정리할 수 있다.

감정으로만 요소를 나누는 게 각 항목의 레벨이 맞지만, 상황 이해가 우선이기에 감정과 성적이 떨어지는 상황을 같은 레벨의 요소로 구분하여 썼다.

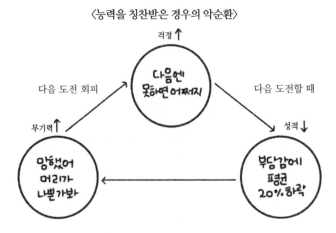

〈능력을 칭찬받은 경우의 악순환〉

이 이론을 알게 되었을 때, 능력을 칭찬받았는데도 왠지 우울하고 무거워 보였던 이들의 표정이 기억났다. 그리고 나 또한 왜 그리 때로 무거웠는지 이해가 되었다.

그래서 나는 대화할 때, 이 이론의 슬픈 악순환 도식을 기억하려 노력한다. 그리고 가뿐한 마음으로 다시 도전할 수 있도록 '노력 격려하기'를 적용하려 노력한다. 학습자님께, 사랑하는 남편과 딸에게, 그리고 나에게.

특히 하루 종일 거실 전등 센서를 설치하려고 매달렸는데 저녁까지 고쳐지질 않아 시무룩해진 남편에게 이걸 기억하고 적용해서 말했을 때 내가 기분이 좋아지고 마음이 따뜻해졌던 경험이 있다. "결국 안 됐네?", "괜히 돈만 썼네?"가 아니라 (전등의 센서가 꼭 고쳐지지 않아도) "하루 종일 노력해준 거 너무 고마워."라고.

2

표

주저리주저리 → 표 정리

내 머릿속 주저리주저리를 한 장의 표로 정리하는 방법을
2개의 사례로 알아보자.

긴 글을 핵심만 요약할 때

내가 너무 좋아하는 고흐님의 편지를 모아 쓴 『고흐의 편지』 책을 읽으며 많은 위로를 받은 적이 있다.

"열심히 노력하다가 갑자기 나태해지고 잘 참다가 조급해지고 희망에 부풀었다가 절망에 빠지는 일을 또 다시 반복하고 있다. 그래도 계속해서 노력하면 수채화를 더 잘 이해할 수 있겠지. 그게 쉬운 일이었다면, 그 속에서 아무런 즐거움도 얻을 수 없었을 것이다.

그러니 계속해서 그림을 그려야겠다."

『고흐의 편지』, 빈센트 반 고흐 지음, 정진국 옮김, 펭귄클래식코리아, 2011

특히 마지막 문장이 심장에 쿵 하고 남았다. 도저히 결과물도 성과도 안 나오던 시절 찐하게 읽으며 큰 힘을 얻었던 기억이 있다. '세기의 천재도 이런 과정을 겪는구나' 싶어서.

그리고 또 하나, 내가 위로 받은 포인트는 세기의 천재 고흐 님도 생각이 너무 많아 정리가 잘 안 된다는 것이다. '나는 왜 이렇게 생각이 많을까?' 정리하는 게 어려웠던 나는 '정리를 잘 못하는 건 혹시 내가 천재라서?'란 기분 좋은 위로를 얻었다.

아래는 고흐가 목사인 아버지의 바람으로 교회 관련 일자리를 얻기 위해 쓴 편지다(이 또한 위로였다. 고흐도 그림을 그려야 할지, 부모님이 원하는 대로 교회 관련 일을 해야 할지 진로 고민을 했구나).

"저는 목사의 자식입니다만, 생계를 위해 일해야 하므로, 킹스 칼리지에서 학업을 계속할 돈도 시간도 없었습니다. 더구나 보통 입학생들보다 나이도 몇 살 많은 데다 라틴어와 그리스어 초급 단계조차 밟지 못했습니다. 사정이 이렇습니다만, 제가 교회와 관련된 자리를 찾는다면 매우 기쁠 것입니다. 대학 교육을 받은 목회자 일자리는 제 능력을 넘어섭니다. 저의 아버지는 네덜란드 시골 마을의 목회자입니다. 저는 열한 살에 학교에 입학해서 열여섯 살까지 다녔습니다. 직업을 택해야 했지만 무엇을 해야 할지 몰랐습니다. 미술품을 거래하고 판화를 출판하는 구필 상사와 거래하던 제 아저씨의 친절한 소개로 저는 헤이그에서 일자리를 얻어 삼

년간 일했습니다. 그다음에 런던으로 가서 영어를 배웠고, 이 년 뒤에는 파리로 갔습니다. 그럼에도 여러 사정 때문에 구필 상사를 떠나야 했습니다. 그리고 지난 두 달간, 램스게이트에 있는 스톡스 씨 학교에서 가르쳤습니다. 하지만 저의 목표는 교회와 관련된 일자리이므로 다른 곳을 찾아야 했습니다."

『고흐의 편지』, 빈센트 반 고흐 지음, 정진국 옮김, 펭귄클래식코리아, 2011

물론 이건 편지지만 그가 조직 생활을 했다면 아무리 세기의 천재라도 이런 질문을 받았을 거다.

"그래서 뭔 일을 했다는 거죠? 언어는 뭘 잘하신다는 거죠? 왜 일자리를 줘야 하죠?"

물은 사람도 나쁜 의도는 없다. 그냥 말과 글이 길어지면 무슨 말인지 머릿속에 잘 들어오지 않으니 묻는 거다.

"아, 다시 말씀드리자면, 저는 우선 미술품을 거래하고 판화를 출판하는…"

"아, 그러니까 구구절절 다 이야기하실 필요는 없구요."

이런 이야기 들으면 드는 생각,

(헐. 무슨 구구절절이래. 이걸 말해야 내가 무슨 일을 했는지 설명할 거
아니야. 듣지도 않고서 나중에 또 질문하지 말고, 다 필요한 거니까 좀
들어봐.)

하지만 상대방은,

"아뇨. 무슨 일 했는지, 무슨 언어 잘하시는지 딱 그것만 한눈에 보이게
말해주세요."

딱 그것만? 한눈에 보이게? 어떻게? 이런 비슷한 상황을 100번도
넘게 경험하며 '왜 못 알아들어?' 절망의 늪에 들어간 나는 고민하며
나름의 대안을 찾았다. 이럴 때 표 한 장을 같이 그려 보내야 한다는
걸. 위의 글을 표 한 장으로 정리한다면,

1. 업무경험

기 관	업 무	기 간
헤이그	미술품 거래 및 판화 출판	36개월
스톡스 씨 학교		2개월

2. 언어능력 (3개 국어 가능)

언 어	경 험	기 간
영어	어학연수 경험	24개월
불어	파리 거주 경험	
네덜란드어	모국어	

그리고 이 표를 그리기 위해서 필요한 생각은?

1. 요소 Cell

뭐랑 뭐?

위의 길고 긴 글을 읽으며 결국 뭐랑 뭐를 이야기하려는 건지 집어내야 한다. 그래서 긴 글을 읽을 때는 화두에 동그라미를 치면서 읽는 걸 권한다. 우선 여기에서는,

2가지 업무경험과 언어능력

라고 정리할 수 있다. 최소한 이 훈련을 해야 한다. "내가 말하고자 하는 건 몇 가지, 뭐랑 뭐야." 이렇게 말한 후, 세부내용을 다시 구구절절 말하지 말고 업무는 '뭐랑 뭐?' 언어는 '뭐랑 뭐?'인지 이것도 요소 정리를 해야 한다.

○ 업무: 헤이그, 스톡스 씨 학교
○ 언어: 영어, 불어, 네덜란드어

이렇게 요소 정리를 훈련하면 표 그리기가 훨씬 쉬워진다. '뭐랑 뭐'가 있는지를 파악했다는 건 표의 항목을 구분할 수 있다는 이야기니까. 표를 그리다 보면 빈칸이 발견된다. 아래처럼 스톡스 씨 학교에서 무슨 업무를 했는지는 빈칸이 된다.

스톡스 씨 학교		2개월

이렇게 주저리주저리 말하다 보면 의외로 핵심만 빼고 이야기할 때가 많다. 이걸 채우면서 명확하게 정보가 정리되기 시작한다. 표까지 그리지 않더라도 아래와 같이 정리하면 된다. 이런 정리를 습관화하면 글도 말도 깔끔해질 수밖에.

2가지 업무경험 정리

1. 헤이그: 미술품 거래 및 판화 출판 (36개월)

2. 스톡스 씨 학교: ○○업무 (2개월)

여기서 긴급 실습

Q. 내가 고흐의 책에서 받은 위로 3가지를 표로 그려본다면?

(앞의 65~66쪽을 읽으며 아래에 정리해본 뒤 뒷장 보기)

나는 이렇게 정리했다.

〈고흐의 편지에서 받은 위로 3가지〉

1. 살질	조급 → 희망 → 절망 반복 중	세기의 천재도 **갈팡질팡** 하는구나
2. 정리	핵심이 안 보이는 길고 긴 편지	세기의 천재도 **주저리주저리** 하는구나
3. 진로	교회 일자리 vs. 화가	세기의 천재도 **진로 고민** 하는구나

꼭 똑같지 않더라도 **숫자 넣은 소제목**, 앞에 요소 키워드 구분, 각 요소를 쉽게 이해할 수 있는 **설명과 증명 예시** 등이 정리되어 있는지 체크해보자.

나는 이렇게 긴 글을 적고 → 표로 그리거나, 표를 미리 그린 후 → 글로 써보는 연습을 많이 했다. 그러면 핵심이 명확하게 보이는 글을 쓰는 데 도움이 된다. '문학적 글쓰기 vs. 비즈니스 글쓰기'는 목표가 다르기에 기술도 달라야 한다. 너무 멋진 책 『고흐의 편지』를 보며 영혼의 인사이트를 얻으시고, 착착 쳐내면서 회사용 글로 바꿔보며 비즈니스 글쓰기도 훈련해보시길.

또한 표까지 그리지 않더라도 '숫자 넣은 소제목'으로 정리하는 것도 강추한다. "제가 받은 위로는 3가지입니다."라고 말하는 순간 상대방은,

받은 위로 3가지

1.

2.

3.

머릿속에 틀이 그려진다. 서로 훨씬 쉽게 정리할 수 있다.

듣는 사람의 머릿속에 틀을 만들어주는 건 명확하게 전달하기 위한 핵심이다. 시작점에서 몇 가지인지 알려주어 요소를 구분해주는 기본 센스가 필요하다.

근거는 A, B, C 3가지입니다.

근거

1. A:

2. B:

3. C:

이렇게 앞의 요소를 구분하고 이야기하는 것도 좋은 습관이다. 또 웬만하면 3가지로 정리하길 추천한다. 우리 뇌는 그 이상 넘어가면 현실적으로 받아들이지 못한다.

이에 대한 인상적인 에피소드가 있다. 미국의 인기 의학드라마 '닥터 하우스'에 출연한 배우 휴 로리의 2006년 골든 글로브 TV드라마 부문 남우주연상 수상소감이다. 사실 수상소감 때 말해야 할 사람은 너무 많지만 그걸 듣고 있는 사람 입장에서는 한두 명이 상 받을 때까지는 즐겁게 듣더라도, 점점 듣기가 쉽지 않은 게 사실일 거다. 그런데 휴 로리의 수상소감에서 빵 터졌다.

감사합니다. 너무 감사합니다.

여기 오는 길에 감사해야 할 사람들의 목록을 만들어보니 172명이네요. 준비됐습니까? (관객들 긴장, 이미 지치거나 지루한 기색)

차마 다 부를 순 없어서 각각의 쪽지에 172명의 이름을 적어 제 왼쪽 하의 주머니에 넣었습니다. (여기서부터 웃음터짐) 여기서 무작위로 3명을 뽑을 건데요. 나머지 사람들은 그냥 그러려니 하세요.
잘 흔들고요. (관객들 계속 웃음)

스크립 슈퍼바이저 ○○에게 감사드립니다.
헤어스타일리스트 ○○에게 감사드립니다.
에이전트 ○○에게 감사드립니다.

스크립슈퍼바이저인 xxx에게 감사드립니다.

    물론 극단적인 예시이긴 하지만, 172명을 다 부른다면 듣는 게 쉽지 않을 거다. 너무 긴 수상소감 들으면서 '꼭 저렇게… 해야 하나?' 생각해본 적이 한 번이라도 있다면, 비즈니스 말하기는 더더욱 3가지로 정리해주는 센스를 발휘하시라!

내 글의 구조가 보이게 정리할 때

A기업에 3일간 제안서 작성 수업을 하러 갔는데 'Before 제안서'에 이렇게 쓰인 글이 있었다.

사업비 집행 원칙
- 신청기관은 승인된 금액을 해당기관 A, B에 직접 송금 (승인 용도대로 사용)
- 생계비의 경우 C가정에 입금 (C명의 통장)
- 사업지원 후 6개월 이내에 결과 보고 및 관련 영수증 취합 및 점검
- 미집행 예산 처리: 반환 등 적절한 조치 시행

몇 번 반복해서 읽었는데도 잘 읽히지 않았다. 왜일까? '뭐랑 뭐'를 이야기하겠다는 **구조가 안 보이기 때문이다.** 물론 관련 업무를 지속적으로 한 이에게는 굳이 하나하나 구분해서 써주지 않아도 구조를 이미 알고 있기에 이해가 쉬울 수 있다. 하지만 그렇지 않은 경우 이는 그냥 암호처럼 보일 수 있다.

무엇보다 글쓴이가 힘들어진다. "뭔 소리예요?", "어떻게 하라는 소리예요?" 하는 엄청난 문의 전화를 받게 되기 때문이다. 서로 이런 시간 낭비, 에너지 낭비를 줄이기 위해 같이 고쳐보자.

1. 요소 ^{Cell}

뭐랑 뭐?

'뭐랑 뭐'를 이야기하고픈 걸까. 4줄을 비슷한 것끼리 '뭐랑 뭐'인지 묶어보면 첫째, 둘째 줄은 비용 집행을 어떻게 하겠다는 것이고 셋째, 넷째 줄은 후속 처리를 어떻게 하겠다는 것으로 묶을 수 있겠다.

1. 비용 집행
2. 후속 처리

여기서 좀 더 깔끔하게 정리하려면 또 '뭐랑 뭐?'를 물어야 한다. [1. 비용 집행]의 경우 어떤 비용과 어떤 비용인지 구분해서 써줘야 한다.

둘째 줄에 '생계비'라고 되어 있으니 생계비로 정리하고, 첫째 줄은 어떤 비용을 말하는지 알 수 없다. 몇 번 읽다 보니 제목에 있는 '사업비'라고 추론할 수 있었다. 담당자님께 확인하니 그렇다고 하셨다. 그럼 왜 안 쓰셨는지 살짝 여쭤니 제목에 있으니 당연히 알 것 같아서라고 하셨다. 실상은 나 또한 몇 번을 읽고 나니 어렴풋이는 알게 되었다. 그렇다면 이렇게 정리할 수 있다.

1. 비용 집행

(1) 사업비: 해당 기관 (A, B) 직접 송금

(2) 생계비: C가정 (C명의 통장) 입금

[2. 후속 처리]도 마찬가지다. 뭐랑 뭐? 즉 어떤 처리와 어떤 처리인지 정리해야 한다. 넷째 줄에 '미집행 예산 처리'라고 되어 있다. 그러면 셋째 줄은 뭘까? '집행 예산 처리'로 정리할 수 있다.

2. 후속 처리

(1) 집행 후: 3개월 이내 결과 보고 및 관련 영수증 취합

(2) 미집행: 예산 반환 등 적절한 조치 시행

그리고 표로 그린다면,

사업비 집행 원칙 2

	구분	대상	지급 방식
1. 비용 집행	사업비	A, B	직접 송금
	생계비	C 가정	통장 입금

2. 후속 처리	사용 비용	3개월 이내 결과 보고 및 영수증 취합
	미사용 비용	반환 및 적절 조치

혹은 비용을 3가지로 묶어서 이렇게 나눌 수도 있다.

사업비 집행 원칙 2

1. 집행 방법	**[사업비]** 해당 기간 (A, B등) 직접 송금 **[생계비]** C 가정 (C 명의 통장) 직접 송금 **[미집행]** 반환 등 적절한 조치 시행
2. 후속 처리	**＊3개월 이내** - **결과 보고** : ○○형식 10장 이내 - **비용 처리** : 관련 영수증 취합 및 점검

구구절절했던 기존 글보다 확실히 구조가 잘 보인다. 나의 추천은 다시 앞으로 돌아가서(76쪽) 나의 결과물을 보지 않고 표로 만들어보는 것. '뭐랑 뭐를 말하려고 하는 거지?'를 스스로 물으면서 해보시라. 사실 특별한 기술이 필요한 게 아니라 그저 '뭐랑 뭐'를 정리하는 걸 습관화하면 되는 거다.

요소는 쉽게 '머리'라고 생각하면 좋다. 처음에 글이 읽기 어려웠던 이유는 "뭐야? 머리는 어디 가고 팔다리만 있어? 이거 누구 팔다리인데?" 이것 때문이다. 이걸 모르니 내용 파악이 어려운 거다. "이건 사업비의 팔다리야, 이건 사용 비용에 대한 팔다리야." 하고 구분해보면 구조가 보인다.

'뭐랑 뭐'만 구분해서 써도 이해하기 훨씬 쉬운데, 왜 이렇게 머리 없이 팔다리만 가득한 글이 많을까? 그건 상대방을 의식하지 않고 글을 쓰기 때문이다. "나는 머리를 봤기에 팔다리만 쓴다." 그러면 팔다리만 본 상대방은 "뭔 소리야?" 하는 악순환이 계속되는 것.

이걸 작성했던 분은 쉬운 내용이 어렵게 전달되는 것에 큰 충격을 받았고, 내 강의 프로그램의 3일 과정을 거쳤다. 이후에 그분이 완성한 기획서를 읽었는데 '뭐랑 뭐를 한다는 건지' 너무 깔끔하고 명확해서 속이 다 시원한 기획서였다. 멋진 성장을 보여준 그분께 존경과 감사를 보낸다.

의외로 기획서를 읽고 "그래서 뭐랑 뭐를 한다는 거죠?" 하고 되물어야 하는 경우가 많다. 대답이 안 나오는 경우도 많다. "나는 뭐랑 뭐를 이야기하는 거지?"를 의식하고 정리하면 훨씬 나아진다. 내가 모르면 아무것도 전달되지 않으니 스스로 묻고, 보이게 구분하고, 때론 표로 그려주시라.

3

쪼개기

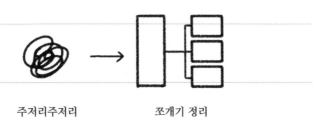

주저리주저리   쪼개기 정리

내 머릿속 두루뭉술을 명확하게 쪼개어 정리하는 방법을
4개의 사례로 알아보자.

구구절절한 글 정리할 때

앞의 예시처럼 딱 떨어지는 경우도 있지만, 그렇지 않은 경우도 많다. 이때 어떻게 정리할지 살펴보자. 학습자님이 쓰신 글을 한번 살펴보자. 만약 '자산관리의 어려움'에 대해 이렇게 썼다면,

"은행, 카드, 보험, 대출 이자 등 파악해야 할 종류가 많다. 금융사별로 접속해서 따로따로 확인하다 보니 시간이 많이 소비되고 전체적인 내 자산 흐름을 알지 못하고 관련 지식이 없어서 자산관리가 어렵다."

몇 개로 이야기할지 정리하기

그냥 주루룩 쓰여 있는 글을 보며 묻는 거다. "몇 개로 말할 거야?" 생각해보고 정해지면 각각에 숫자를 달아 정리한다.

3가지 어려움

1. 은행, 카드, 보험, 대출 이자 등 파악해야 할 종류가 많다.

2. 금융사별로 접속해서 따로따로 확인하다 보니 시간이 많이 소비된다.

3. 전체적인 내 자산 흐름을 알지 못하고 관련 지식이 없어서 자산관리가 어렵다.

뭐랑 뭐로 이야기할지 정리하기

몇 개로 정리해도 눈에 안 들어오면 "뭐랑 뭐로 말할 거야?"를 묻는다. 그리고 앞에 키워드를 달아 구분한다.

3가지 어려움

1. **[종류 多]** 은행, 카드, 보험, 대출이자 등 → 파악할 종류 많음

2. **[시간 多]** 금융사별 따로따로 접속 확인 필요 → 많은 시간 소비

3. **[지식 無]** 내 전체 자산 모르고 관련 지식 없음 → 어려운 자산 관리

이 기본적인 과정을 습관화해보자.

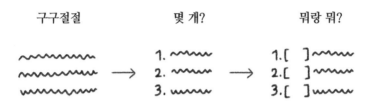

2~3개로 쪼개어 정리하는 연습은 큰 도움이 된다.

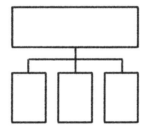

이런 형태로 내가 말하고자 하는 걸 2~3개로 나눠 정리하는 거다.
○○가 특별한 3가지 이유, ○○가 겪는 3가지 핵심 어려움, ○○로 인한
3가지 핵심 이슈 등으로.

사회연대은행 사회적 기업가 육성 프로그램에서 만난 정현강 대표님

예시를 살펴보자. 대표님은 하루 종일 폐지를 줍는 할아버지를 보며 이렇게 힘들게 일해서 하루에 얼마를 버시는지 여쭤본 적이 있다고 한다.

3000원

대답을 들은 대표님은 '저게 최선일까?'란 생각이 들었고 어떻게 하면 노인 취업 문제를 해결할 수 있을지 고민을 시작하다 창업을 하게 되었다고 한다.

모든 취업이 어렵듯, 노인 취업도 어렵다. 하지만 고학력이거나 취약계층이면 그래도 취업이 불가능하지만은 않다고 한다. 스스로 취업을 하거나 정부의 지원을 받기 때문이다. 문제는 고학력과 취약계층이 아닌 190만 명의 노인이다. 5명 중 4명은 취업을 못하고, 이는 빈곤과 소외, 자살 등의 사회문제로 이어진다.

자, 이 상황을 어떻게 정리할 수 있을까? '노인 일자리 시장'을 쪼개어 그리는 거다.

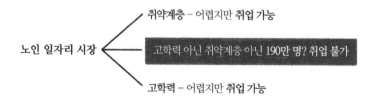

'아, 중간에 빈틈이 있구나. 채울 필요가 있겠구나' 느껴지고 주루룩 글만 쓸 때보다 비어 있는 문제가 쉽게 보인다.

대표님은 설문, 인터뷰, 전문가 자문(2020.7.10.~2020.8.20)을 통해 어쩌면 쉽게 해결할 실마리를 찾았다. 100%는 아니겠지만, 인터뷰를 통해 만난 이들이 원하는 건 큰돈이 아닌 1. 용돈벌이(월 40~50만 원)를 할 수 있다면, 2. 짧은 시간(하루 2~4시간 정도) 소일거리라면, 3. 무엇보다 좀 쉽게 배울 수 있는 거라면 좋겠다고 하는 포인트를 얻었고, 매년 100% 성장으로 일손이 부족한 '배달대행 사업'과 매칭하는 근거리 배달대행 서비스 '할배달'을 만들었다. 위 내용을 기획서로 쓴다면 아래와 같이 3가지로 나눠 정리할 수 있다.

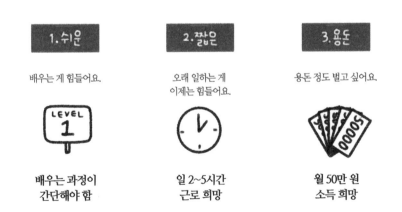

그들이 원하는 3가지

설문＋대면인터뷰＋전문가 자문 (2020.7.10~2020. 8.20)

1. 쉬운

배우는 게 힘들어요.

배우는 과정이
간단해야 함

2. 짧은

오래 일하는 게
이제는 힘들어요.

일 2~5시간
근로 희망

3. 용돈

용돈 정도 벌고 싶어요.

월 50만 원
소득 희망

맨 위에 숫자가 들어간 소제목(○○를 위한 ○가지, ○○인 이유 ○가지 등)을 적고, 뭐랑 뭐에 대한 이야기인지(쉬운, 짧은, 용돈) 항목 정리하고, 이해를 돕는 이미지 넣고, 좌뇌적 정리 한 줄(증명 숫자 들어간 명사형 마무리)과, 우뇌적 정리(쉽게 이해되는 실생활 말투) 적어 정리하면 된다.

이것만이 정답은 아니지만, 기획서를 처음 쓰는 분들이나 너무 많은 내용을 정리하기 어려워하는 분들께 알려드렸을 때 쉽게 정리하시는 경우를 많이 봤으니 도움이 될 것이다.

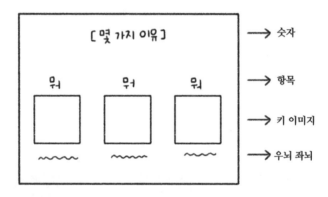

새벽배송 선두주자로 승승장구 중인 '마켓컬리' 또한 '신선하게 배송합니다'라는 두루뭉술한 말을 온도로 쪼개어(냉동, 냉장, 상온) 이야기한다.

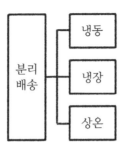

쪼개기를 습관화하면 이렇게 말과 생각이 명확해진다. 단, 너무 많이 쪼개진 걸 보라고 가져오는 경우가 있는데 그건 No thank you! 너무 많이 쪼개진 걸 보는 것도 상대방에게는 큰 스트레스니, 쪼개고 선별하여 2~3개로만 정리하자.

와닿지 않는 큰 화두를 정리할 때

월드비전에서 '식수위생 사업' 소개서 작성 워크샵을 진행할 때였다.

6억 6천 명이 식수시설이 부족하고…

24억 명이 위생시설이 부족하고…

기획자에겐 너무 중요한 이야기지만 듣고 있는 상대방은 심드렁할 수밖에 없다. 이것이 심각한지 어떤지 별로 체감되지 않는다. 우선 나랑 상관없는 먼 이야기인 데다 숫자도 너무 크니까 오히려 와닿지 않는다. 비현실적으로 잘 와닿지 않는 큰 화두를 잘게 쪼개서 현실적으로 만들 필요가 있었다.

그래서 나는 상대방의 입장이 되어 '이게 왜 문제인지, 왜 꼭 필요한지'를 담당자님께 여쭈며 대화했다. 사실 이런 상황은 흔하다. 담당자님께는 당연한 것(아이들을 도와줘야 한다)인데 상대방은 '왜?'를 묻는다. 당연한 것에 대한 답을 만들려니 너무 어렵고 '당연한 걸 왜 설명해야 하지?'란 생각이 든다. 상대방 또한 '왜 내가 이걸 해야 하지?' 묻는 것이 당연하다. 나에게 당연한 것이 상대방에게는 당연하지 않음을 이해하는 것이 바로 기획의 시발점.

이건 월드비전뿐만 아니라 다른 기업에서도 늘 일어나는 일이다. '당연히 우리 상품!'이 아니라 '왜 우리 상품인지' 정리해서 보여줘야 하는

데 대부분 그걸 놓치고 매우 어려워한다. 하지만 상품에 대해 아무것도 모르는 상대방의 입장에서는 당연히 필요한 과정이다.

왜 이게 문제인지를 계속 여쭈니 역시 전문가답게 관련 정보를 술술 알려주셨다. 그저 물 한잔 더러울 뿐이지만, 아이들이 그 더러운 물을 먹으면 설사를 하게 된다. 잦은 설사는 영양실조로, 그리고 사망으로 이어진다. 실제로 5세 미만 아동의 하루 사망 수는 UNICEF(2016) 통계에 따르면 800명에 달한다고.

또한 깨끗한 물을 찾아 떠나는 아이들은 범죄자들의 타깃이 되기 쉬워 폭행과 성폭행을 당하기도 한다. 정말 마음 찢어지는 일이다. 깨끗한 물 한잔 먹으려다 성폭행이라. 실제로 '사하라 사막 이남 아프리카 국가에서 여성과 아동의 물 긷는 노동 분석'(J Graham, M Hirai, S Kim, 2016) 통계에 따르면 아프리카 성폭행 노출 여성·여아 수가 1,700만 명이나 된다.

또한 물 찾아 삼만리를 떠나는 일은 보통 시간이 많이 걸리는 일이라 물을 구하는 일 때문에 아이들은 학교를 나가지 못하거나 잦은 결석을 하게 된다. 이는 낮은 문해율로 연결되고, 경제적 능력을 갖추지 못하는 악순환에 빠진다. 실제 UNICEF(2016) 통계에 따르면 학교 밖 여아 수가 1억 2,100만 명이라고.

여기까지 들었는데 물 한잔 때문에 일어나는 일 치고는 너무 심각하다는 생각이 들었다. 이걸 눈에 보이게 그리자 싶어 담당자 님과 계속 '뭐랑 뭐'를 구분하기 시작했다.

1. 요소 Cell

뭐랑 뭐?

깨끗한 물 한잔이 없으면 어떤 일이 일어나는지 구분했다.

1. 설사

2. 물 찾아 삼만리

2. 관계 Connection

어떤 흐름?

설사를 하면 어떻게 되고, 물 찾아 삼만리를 떠나면 어떻게 되는지 연결해서 흐름을 보여주자.

1. 설사 　　　　→ 1.1 영양실조

2. 물 찾아 삼만리 → 2.1 폭행/성폭행

　　　　　　　　　→ 2.2 잦은 결석

정리하다 보니 설사와 잦은 결석도 연결되어 이렇게 그리기 시작했다.

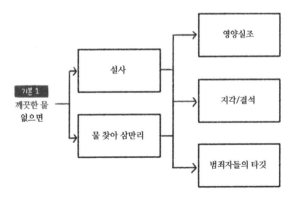

'나만의 주장'이 되지 않기 위해 관련 수치를 확인해서 넣었다. '몇몇만 그런 것 아닌가? 너무 극단적인 예시 아닌가?' 하고 상대방은 의문을 품을 수 있으니 '이와 관련된 아이들이 이렇게나 있어'가 보이도록.

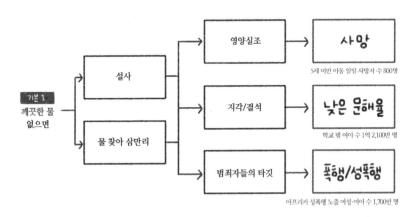

왜 깨끗한 물 한잔이 중요한지는 이렇게 정리했다. 다음은 '왜 화장실을 만들어야 하는지'다. 이것도 이해하기 어려웠다. 주변에 산과 들이 많은데 똥은 자연의 것이니 자연에 해결하면 안 되는 것인지? 이런 나를 위해 담당자님은 이해를 돕는 이야기를 하나 더 해주셨다.

야외 배변을 하게 될 경우 물이 오염되고, 이는 또 설사로 이어지고, 야외 배변을 위해 으슥한 곳을 찾다보면, 이는 또 성폭행으로 이어질 가능성이 크다. 더 황당한 건 야외 배변한 게 파리를 통해 사람에게 옮겨지고, 그것이 세균 감염과 실명으로 이어진다고. 똥 한번 잘못 싼 것 치고 결과가 너무 가혹하다. 똥 쌀 곳 없어 일어나는 이 어마어마한 결과를 전문가가 아닌 나 같은 일반인도 이해하도록 쪼개어 흐름을 그렸다.

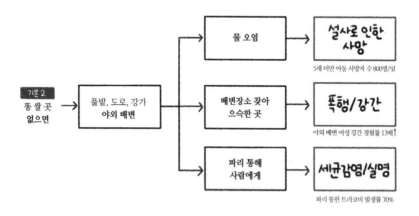

그리고 PPT로 정리했다.

사업 배경 | 식수시설 부족

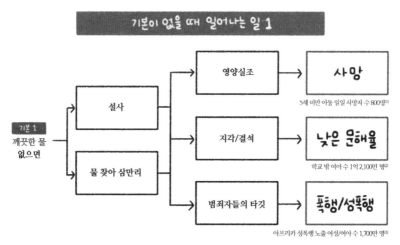

기본이 없을 때 일어나는 일 1

기본 1
깨끗한 물
없으면

설사 → 영양실조 → **사망**
5세 미만 아동 일일 사망자 수 800명[1]

물 찾아 삼만리 → 지각/결석 → **낮은 문해율**
학교 밖 여아 수 1억 2,100만 명[2]

범죄자들의 타깃 → **폭행/성폭행**
아프리카 성폭행 노출 여성/여아 수 1,700만 명[3]

출처: (1)UNICEF(2016), (2)UNICEF(2015), (3)Graham J, Hirai M, and Kim.S(2016)

사업 배경 | 위생시설 부족

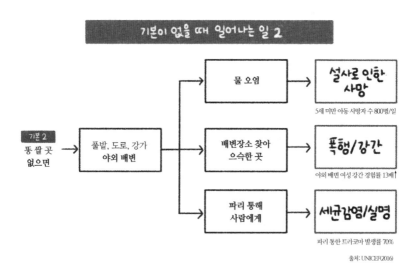

기본이 없을 때 일어나는 일 2

기본 2
똥 쌀 곳
없으면

풀밭, 도로, 강가
야외 배변

→ 물 오염 → **설사로 인한 사망**
5세 미만 아동 사망자 수 800명/일

→ 배변장소 찾아 으슥한 곳 → **폭행/강간**
야외 배변 여성 강간 경험률 13배↑

→ 파리 통해 사람에게 → **세균감염/실명**
파리 통한 트라코마 발생률 70%

출처: UNICEF(2016)

흐름도를 그리니 정말 선명해지더라. 사실 깨끗한 물 한잔 없으면 딱 하루 살기도 어렵다. 꾹 참아 하루는 살 수 있다 치더라도, 급똥을 해결할 마땅찮은 화장실이 없다면 그것은 상상조차 하기 싫다. 이런 기본 중 기본인 깨끗한 물 한잔, 똥 쌀 곳 하나 없어서 이렇게 말도 안 되는 일이 일어나는구나 싶었다.

3. 변화 Change

이런 말도 안 되는 일을 막기 위해 월드비전이 하는 일을 정리했다. 모르면 심각한 일이지만, 의외로 전문가가 간단히 해결할 수 있는 일이다.

물 → [식수] 식수시설 가깝게
똥 → [위생] 위생시설 안전하게

그런데 식수, 위생시설을 만들기만 했더니 관리가 되지 않아 주민 스스로 관리하며 지속적으로 사용하도록 관련 역량 교육까지도 진행한다고 한다. 그래서 3가지를 정리하면,

[구성]
식수시설 보수/설치
[종류]
식수 시스템을 활용한 식수탱크,
식수대/키오스크

[구성]
화장실, 세면대, 소각장 설치, 위생 교육
[종류]
환기 개선(vip)화장실, 퇴비 화장실,
수세식 화장실, 세면대, 쓰레기 소각장

[구성]
식수위생 관리위원회 조직/훈련
권리 증진 교육
정책 옹호 역량 강화

가장 기본 1. 깨끗한 식수 + 2. 위생시설

이걸 관리할 수 있는 3. 역량 강화까지 함께 해야 진정 지속 가능한 사업

담당자 입장에서는 당연하고 명확한 내용인데 관련 정보가 없는 이들에게는 매우 두루뭉술하고 막연하게 느껴진다면(식수위생 사업) 덩어리를 쪼개어(왜 이게 필요한지 물 한잔의 부재와 화장실의 부재로 쪼개기) 쪼갠 것들의 흐름(각 부재로 인한 결과들)을 보여주자. 이해하기 훨씬 쉬워진다.

상대방은 당신의 말을 다짜고짜 반대하는 게 아니라 **"안 보인다"**는 말을 하고 있는 것인지도 모른다. 다 보여줬는데도 아니라고 한다면 사람 마음은 내가 어찌할 수 없기에 그 선택조차 존중해야 하는 일. 하지만 안 보여서 이해를 시작조차 못하는 거라면 너무 아쉽다. 이런 경우 꼭 적용해보시길 추천한다.

긴 글을 쪼개어 잘 보이게 정리할 때

연애시절, 지금과 달리 일에만 미쳐 살던 시절이었는데 지금의 남편, 당시 남자친구가 춘천에 놀러가자고 했다. 사람 많은 곳에 가는 걸 정말 싫어하는 집순이였음에도 맨날 일만 하는 게 지겨워 수락했지만, 놀러가는 아침에도 왜 수락했을까 후회했다. 왜냐면 놀러가기 전날까지도 거의 밤을 새며 일을 해서 그냥 하루 종일 잠이나 더 자고픈 심정이기 때문이었다 (지금은 이렇게 살지 않는다. 결혼 후, 끝없이 피곤한 삶의 패턴을 많이 바꿨다).

그날이 휴일이라 춘천 가는 기차부터 사람이 정말 많았고, 남편이 야심차게(?) 데려간 소양강 댐에서 나는 그저 피곤하기만 했다. 도착하자마자 이미 지친 나와는 다르게 이제 소양강 댐 말고 6개 정도 더 가야 할 동선을 브리핑하는 남편의 해맑음에 나는 경악했고 지금 당장 집으로 돌아가고 싶다고 했다.

몇주 전부터 철저히 준비했을 남편에게는 꽤나 열받는 상황이었을 텐데, 돌아오는 지하철에서 발 디딜 틈도 없이 복잡하고 피곤했기에 나는 그의 열받음을 신경 쓸 여력이 없었다. 고기나 먹으러 가자며 집 근처 고깃집에 갔는데, 조용히 먹던 남편이 나직이 말하더라.

"신영아, 성경에 '사랑은… 좋아 미쳐 죽어버리겠고'가 아니라 '사랑은 오래 참고'에서 '오래 참고'가 가장 먼저 나오는 게 오늘 처음으로 이해가 됐다."

피곤했던 나는 그의 말을 '뭐라는 거야' 생각하며 귓등으로 듣고 고기 먹는 데 열중했지만, 시간이 지날수록 그의 나직한 고백이 문득 문득 떠오른다.

정말 열받았던 그는, 성격 급한 그는 목구멍까지 차오르는 '그냥 다 때려치워라'라는 말을 참고, '사랑은 오래 참고'란 성경 말씀을 단순한 문장이 아니라 삶으로 부대끼며 마주했던 거구나 싶어서 새삼 고맙다.

그때 남편의 지혜로운 반응이 아니었다면 지금 우리 어여쁜 딸내미도 없었겠지. 나 또한 그의 행동을 당연하게 생각하기보다 지금은 매우 감사히 생각하게 되었으니 그때보다 아주 조금은 철이 든 건지도 모르겠다. 어쨌든 지금도 저 성경 구절을 볼 때마다 춘천 사건이 떠올라 피식 웃는다.

사랑은 오래 참고 사랑은 온유하며 투기하는 자가 되지 아니하며

사랑은 자랑하지 아니하며 교만하지 아니하며 무례히 행치 아니하며

자기의 유익을 구치 아니하며 성내지 아니하며

악한 것을 생각지 아니하며

불의를 기뻐하지 아니하며 진리와 함께 기뻐하고

모든 것을 참으며 모든 것을 믿으며 모든 것을 바라며

모든 것을 견디느니라.

(고린도전서 13장 4~7절)

결혼을 하고 나서 읽으니 이 말씀은 사랑에 대한 가장 현실적인 정의
라는 생각이 든다. 두루뭉술 아름답게 포장하지 않고, 하나하나 쪼개
어 현실적으로 가르쳐주는 느낌. 직업병인지 이 말씀에 대해서도 좀 더
알고 싶어서 도식화를 해보고 싶었다.

1. 요소 Cell

'뭐랑 뭐'가 있는지?

너무 많으니 우선 넘버링 해보면,

1. 오래 참음
2. 온유
3. 투기 X
4. 자랑 X
5. 교만 X
6. 무례히 행함 X
7. 자기의 유익만 구함 X
8. 성냄 X
9. 악한 것 생각 X
10. 불의 기뻐함 X
11. 진리와 함께 기뻐함
12. 참음
13. 믿음
14. 바람
15. 견딤

공통점이 있는 아이들을 묶는다. 크게 사랑은 '뭔가를 한다' 혹은 '뭔가를 하지 않는다'로 나눌 수 있겠다. 물론 다른 기준도 있을 테지만 우선 나는 이걸로 해보겠다. 중복되는 비슷한 내용은 하나로 묶는다.

사랑할 때 하는 것 3

1. 믿고 기다리기
2. 온유
3. 진리와 함께 기뻐하기

사랑할 때 하지 않는 것 6

1. 자기의 유익만 구하기
2. 자랑
3. 교만
4. 성내고 무례히 행하기
5. 악한 것 생각
6. 불의 기뻐하기

사랑할 때 마음만 있고 행동을 안 하면 문제가 되고, 행동은 하는데 마음은 전혀 다르면 상처가 되듯, 마음과 행동 2가지 차원이 다 중요하다. 따라서 마음과 행동을 축으로 나눌 수 있다. 이렇게 나눠서 보니 무엇을 해야 하고 하지 말아야 할지 좀 쉽게 정리가 된다.

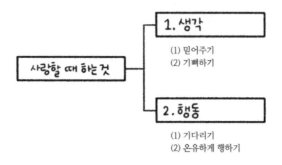

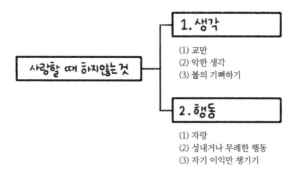

2. 관계 Connection

어떤 흐름?

'사랑은 뭐뭐가 있구나' 하고 끝낼 수도 있지만, 좀 더 어떤 연결이 있는지 생각할 수 있다. 사실 남편을 만나기 전에도 이 말씀을 읽었던 적이 있었지만 전혀 와닿지 않았던 이유를 생각해봤다. 나는 참을 수 없을 때가 더 많고, 온유하지 못할 때가 더 많고, 나는 지금 기쁘지 않은데 이걸 어떻게 한다는 건지 그때는 참 비현실적으로 느껴졌던 것 같다.

그런데 6절에 '사랑은 기뻐하고'가 아닌 '사랑은 진리와 함께 기뻐하고'란 문장이 큰 힌트가 되었다. '진리와 함께with the truth 기뻐하고' 아, 내 상황 때문이 아니라 진리로 기뻐할 수 있구나. 사랑하는 사람과의 삶은 기쁘기도, 때론 세상에서 가장 천불이 날 수도 있지만 진리 때문에 기쁠 수 있다는 거구나.

'나는 못한다, 나에게 사랑이 없다, 지금 사랑하고 싶지조차 않다'라며 나에게 혹은 나의 약함에 초점을 맞추기보다 계속 진리를 생각하려고 노력이라도 해봐야겠구나 싶었다. 그렇다면 이렇게 정리할 수 있다.

〈사랑할 때 하는 것 3〉

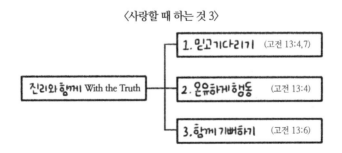

'구구절절 긴 글을 정말 도식화로 정리될 수 있는가?'를 보여주려다 '내가 아는 가장 긴 글은 뭘까?' 생각해보니 성경이라 성경을 인용해봤는데 성경은 이렇게 도식화하는 것도 좋지만 때론 한 단어도 바꾸지 않고 읊조리며 암송하는 것도 좋으니 상황에 따라 참고하시길.

4

흐름

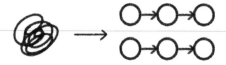

주저리주저리   흐름 정리

길고 복잡한 내용을 흐름이 한눈에 보이도록 정리하는 방법을
5개의 사례로 알아보자.

제안서 핵심이 보이게 정리할 때

월드비전에서 3일간 1인 1제안서 작성 발표 수업을 많이 해왔다. 말도 안 되게 어려운 상황에 빠진 아이들을 돕기 위해, 현장의 어려움을 아는 이로서 의미 있게 돈을 쓰길 원하는 자들에게 현장을 알리고 후원을 연결시키기 위해 제안서 작업은 필수적이기 때문이다. 3일간 자신의 제안서를 완성될 때까지 쓰고, 발표하고, 피드백 받아 고치고 다시 쓰는 수업. 수업이 끝나면 다크서클과 자신의 제안서 초안을 가져가는 수업이다.

이 수업에서 '아침머꼬'란 캠페인 제안서를 정리하게 되었다. 결식 아이들에게 아침밥을 후원해달라는 제안서였는데, '왜 아침밥을 먹여야 하는지' 부분의 정리가 쉽지 않았다. 그래서 3주간 계속 대화하며 정보를 모았다.

> Q. 왜 아침을 먹어야 할까요? 요즘 아침 안 먹는 사람 많은데… 과학적으로도 '꼭 먹어야 한다'와 '먹지 않아도 된다'는 이론이 양쪽으로 갈리기도 하구요.

> A. 가난한 아이들이 밥을 안 먹는 건, 우리의 '아침은 안 먹어' 개념이랑 좀 다른 것 같아요. 입맛이 없어서, 시간이 없어서, 혹은 원래 아침을 안 먹는 스타일이어서라기보다 선택의 여지없이 그냥 못 먹는 거죠. 먹고 싶고, 먹어야 하는 배고픈 상황인데 돈이 없어서 못 먹는 거니까요.

이 대화를 정리하기 위해 관련 데이터를 수집했다. '내 말'만 있으면 단순 주장에 불과하다. 정보의 신뢰를 높이기 위해 통계 수치, 예시, 전문가 인용 등을 넣어 객관적 팩트로 만들자.

관련하여 한국 아동 청소년 인권실태조사(2015)를 보니 아래의 숫자를 얻을 수 있었다. 절반 가까운 아이들이 먹고파도 못 먹고 영양실조에 걸려 있었다.

○ 42.2% 강제적 식품 빈곤 경험

○ 46.6% 영양실조 경험

○ 만성 질환율 일반 가정 대비 2.2배

○ 22.6% 빈곤 탈출률 (2007년 32.4% 대비 하락)

1. 요소 Cell

뭐랑 뭐?

우선 위의 정보에 기반하여 4가지 상황으로 정리할 수 있었다.

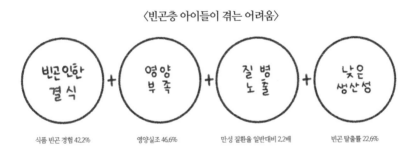

〈빈곤층 아이들이 겪는 어려움〉

정리했는데도 각각의 내용이 너무 뚝뚝 떨어져 와닿지 않는다면 관계를 더 그려주면 좋다.

2. 관계 Connection

각 상황은 어떤 관계?

각각의 내용을 가만히 들여다보고 있으면 연결시킬 포인트가 보인다. 돈이 없으니 밥을 먹기 힘들고, 그리 잘 못 먹으니 영양이 부족하고, 그래서 자주 아프고, 아프니 일을 못하고, 그러니 또 돈이 없어서 밥을 또 못 먹는 지긋지긋한 악순환 관계로 연결될 수 있다. 그려보면,

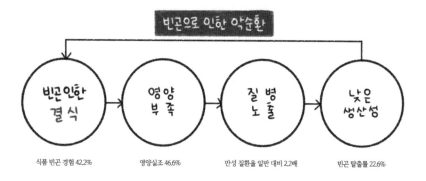

혹은 계층관계로 그릴 수도 있다. 일상을 배고프게 만드는 슬프고도 근원적인 기반, 결식.

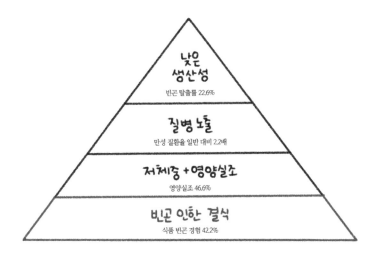

낮은
생산성
빈곤 탈출률 22.6%

질병 노출
만성 질환율 일반 대비 2.2배

저체중 + 영양실조
영양실조 46.6%

빈곤 인한 결식
식품 빈곤 경험 42.2%

혹은 이 모든 문제를 야기하는 핵심 원인에 '결식'이 있다고 강조해서 보여줄 수 있다.

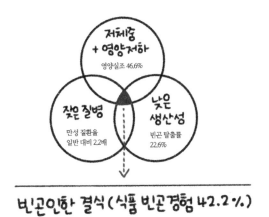

저체중
+ 영양저하
영양실조 46.6%

잦은 질병
만성 질환율
일반 대비 2.2배

낮은
생산성
빈곤 탈출률
22.6%

빈곤인한 결식 (식품 빈곤경험 42.2%)

나는 이렇게 종류별로 몇 개씩 그려보고 가장 쉽게 눈에 들어오는 걸 선별한다. 그러니 독자님도 여러 개 그려보시라.

이렇게 현상만 보여주고 끝내도 되는 경우도 있지만, 문제의 핵심을 짚어주고 제안을 해야 하는 경우에는 변화, 제안으로 인한 결과 정리도 필요하다.

3. 변화 Change

그래서 뭘 한다는 거? 그거 하면 뭐가 달라져?

우리가 아이들의 이 모든 문제들을 다 해결할 순 없지만 악순환의 시작점인 '결식'은 해결해줄 수 있다. 그래서 우리는 아침을 먹이려 한다고 정리할 수 있다.

'아침머꼬' 사업은 도시락만 주고 끝내는 게 아니라 담당 선생님과 친구들이 매일 같이 아침을 먹는 프로그램이다. 매일 아침 누군가 나와 대화를 하고 나에게 관심을 갖는다는 것. 이 따뜻한 경험이 매일매일 아이들 마음속에 쌓이면, 천천히 힘을 내기 시작한다고 한다.

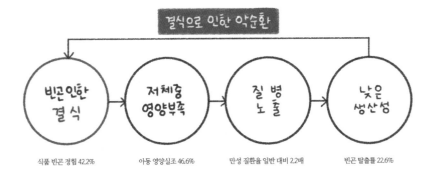

결식으로 인한 악순환

빈곤 인한 결식 → 저체중 영양부족 → 질병 노출 → 낮은 생산성

식품 빈곤 경험 42.2%   아동 영양실조 46.6%   만성 질환율 일반 대비 2.2배   빈곤 탈출률 22.6%

악순환의 시작점 바꿔준다면

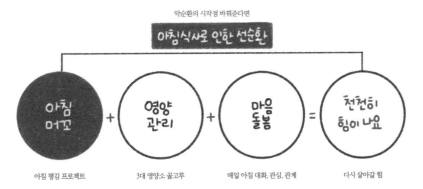

아침식사로 인한 선순환

아침 머꼬 + 영양 관리 + 마음 돌봄 = 천천히 힘이 나요

아침 챙김 프로젝트   3대 영양소 골고루   매일 아침 대화, 관심, 관계   다시 살아갈 힘

출처: 한국 아동·청소년 인권실태조사(2015)

이런 도식화를 그릴 때는 2가지가 필수다.

1. 증명 숫자

2. 자료 출처

만약 도식화가 '증명 숫자' 없이 그려졌다면 정보의 신뢰도는 떨어진다. 그리고 도식화 오른쪽 밑에 '자료 출처'가 없다면 정보의 신뢰도는 떨어진다. 숫자와 출처가 없다면 팩트가 아니라 그저 '땡깡'으로 받아들여질 뿐이다.

'땡깡'은 믿을 수 없다. 믿고 싶어도 못 믿는다. 사회생활 10여 년만 해도 순진무구하게 다 믿어주다 속아보지 않은 사람이 없다. 숫자와 출처를 적어주는 건 그냥 믿다가 속는 씁쓸한 경험을 해본 자들에 대한 예의다. 그리고 내 이야기를 듣고 또 상사에게 전달해 체크받아야 하는 자들에 대한 배려다.

아침식사가 없을 때의 악순환, 그리고 '아침머꼬'가 있을 때의 선순환. 이처럼 우리 브랜드, 제품, 아이디어가 없을 때의 악순환, 그리고 그것이 있을 때의 선순환을 한 장 그려보시라. 제안에 훨씬 힘이 생긴다.

문제의 흐름이 보이게 정리할 때

화장품 기획, 제조, 유통 등 화장품 브랜딩 전문 회사인 솔티패밀리 그룹의 회사 소개서 워크숍을 진행했을 때였다. 하루 종일 대표님과 직원분들이 모여 '왜 솔티여야 하는지? 화장품을 만들고자 하는 클라이언트들은 어떤 어려움을 겪고 있는지?' 이야기했다. 공통적으로 계속 나온 이야기는 화장품 하나를 만들려고 할 때,

○ 화장품이 나오는 공정이 기획, 원료, 자재, 제조… 정말 복잡하고 많다는 것. 그리고 각 공정별로 돈도 생각보다 너무 많이 든다는 것. → 그런데 솔티를 통해 화장품을 만들면 이렇게 많은 공정을 한 군데에서 할 수 있으니 비용 절감이 가능하다는 것.

○ 공정이 많은데 또 한번에 원하는 결과물이 나오는 게 아니니 계속 미팅을 해야 하고 그래서 시간이 생각보다 너무 많이 든다는 것. 시간 = 돈이니 이 또한 비용 낭비 → 그런데 솔티는 한 회사에서 진행하니 미팅 시간이 줄어든다는 것.

○ 어렵게 진행해서 나온 결과물도 각 공정별로 회사가 다르니 따로따로 결과물이 나오는 경우도 많다는 것 → 그런데 솔티는 한 회사에서

진행하니 통합 관리가 가능하다는 것. 심지어 화장품 기획, 제조, 유통, 브랜딩을 넘어 화장품 실제 판매 시 생각지도 못한 문제로 급하게 도움이 절실할 때의 법 자문, 해외 인허가까지 함께해준다는 것.

이렇게 장장 8시간 동안 주고받은 내용들을 정리하기 시작했다. 애써 이야기를 나눴는데 잘 보이게 정리가 안 되면 물거품이니 스스로에게 계속 물어야 한다. "그래서 뭐랑 뭐라는 거야?"

1. 요소 Cell

뭐랑 뭐? 비용, 시간, 통합

결국 [비용] 절감, [시간] 절감, [통합] 관리 3가지로 정리할 수 있었다. 이렇게만 이야기하면 우리의 일방적인 주장일 뿐이니 왜 그런지 증명할 팩트, '숫자'를 모으기 시작했다.

실제로 돈 드는 공정이 얼마나 많은지, 그걸 솔티와 함께 하나로 진행하면 중복 비용을 얼마나 줄일 수 있는지, 각기 다른 회사들과 따로따로 진행하면 평균 미팅이 ○회인데 솔티와 함께하면 얼마나 시간을 줄일 수 있는지, 하나하나 시간 들여 체크하고 계산하고 정보를 선별했다.

[비용] 최소 공정만 6개. 비용⇧ → 중복 비용 최소한 30%⇩

[시간] 평균 76회 미팅. 시간⇧ → 평균 7회 미팅으로 가능

[통합] 최종 결과 따로따로　→ 450개 화장품 만든 경험으로 통합 관리

　정리된 3줄을 보면 너무 쉽지만, 〔요소 정리〕 + 〔증명 숫자〕 찾는 과정에 꽤 많은 시간이 걸린다. 그렇지만 필수 과정이다.

[요소 정리] 뭐랑 뭐예요?

[증명 숫자] 진짜 그래요?

계속 물으며 정리해보자.

2. 관계 Connection

어떤 관계? 어떤 흐름?

　클라이언트가 화장품 하나를 만들 때 겪는 '어려움의 흐름도'를 그려서 보여주기로 했다. 화장품 하나 만들려고 하면, 여기저기 방문하는데 최소 6개 공정을 거치니 각각 견적을 받게 되어 돈도 많이 들고, 각 공정에서 한번에 원하는 결과물이 안 나와서 회의를 반복해야 하고, 결국 나온 결과물이 따로따로인 이 상황을 시간순으로 그리는 거다.

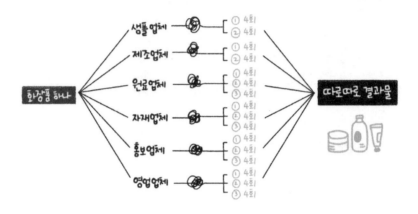

만들어볼까? → 여기저기 방문 → 끝없는 미팅 ─────→ 이게 뭐야?

최소 6개 공정   평균 76회

완상품 하나

샘플업체 ─── ① 4회 / ② 4회
제조업체 ─── ① 4회 / ② 4회
원료업체 ─── ① 4회 / ② 4회 / ③ 4회
자재업체 ─── ① 4회 / ② 4회 / ③ 4회
홍보업체 ─── ① 4회 / ② 4회 / ③ 4회
영업업체 ─── ① 4회 / ② 4회 / ③ 4회

따로따로 결과물

　　기획서에 이런 흐름도가 들어가는 것만으로 상대방은 '이 사람은 문제의 흐름을 아는 사람이구나' 하고 신뢰도가 높아지는 경우가 많다. 혹은 문제를 모르는 사람을 설득할 때도 '아, 문제가 이것이구나', '이렇게 흘러가는구나' 좀 더 쉽게 한눈에 문제를 파악하게 도와준다. 흐름을 보여주고 다시 한번 깔끔하게 문제를 3가지로 정리했다.

화장품 하나 만들려는데 핵심고민 3가지

3. 변화 Change

어떻게 달라져?

정리된 3가지 문제가 솔티를 만나면 어떻게 바뀔지 정리해보자.

Salty One Step Service 강점 3가지

이걸 정리한 후, 한 번 더 상대방을 안심시키기 위해 비교표까지 정리하니 솔티만 이야기할 때보다 훨씬 논리가 탄탄해졌다.

최종 흐름은 이렇게 정리할 수 있다.

[흐름] 너 이런 어려움이 있지 (도식화)

[문제] 이 흐름 속 가장 어려운 3가지는 이거잖아

[해결] 그래서 우린 이 3가지를 해줄게

[비교] 비교해봐도 괜찮지?

(표1) 따로따로 했을 때 vs. 솔티와 통합했을 때

(표2) 다른 통합 업체랑 vs. 솔티와 통합했을 때

모든 제안의 시작점인 문제 흐름도 그리기를 강추드린다.

상대방의 고민을 공감해줄 때

"제가 오늘 말하고자 하는 건 a, b입니다." 이렇게 내가 말하고 싶은 것부터 이야기하면 상대방에겐 이해가 어려울 수도 있다. 하지만 상대방의 고민의 흐름도를 그린 뒤에 a, b를 제안하면 훨씬 이해가 쉽다. 다음은 학습자 경민 님이 쓴 예시로 의류 업계에 있는 클라이언트에게 광고를 제안하는 내용이다.

먼저 상대방 입장에서 고민의 흐름을 그리고,

"광고를 시작하려 하실 때 이 2가지를 특히 많이 고민하시더라고요. (상대방의 문제를 이해하고 고민하고 있음을 보여주고) 그래서 저희는 코어 타깃이 누군지 찾아드리는 a서비스, 광고 진행 시 구매로 전환되는 구매효율 좋은 상품이 뭔지 알려드리는 b서비스를 오늘 말씀드리려 합니다."

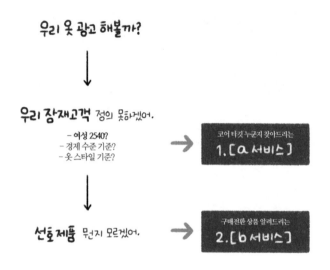

이렇게 고민의 흐름을 보여주면 너무나 명확하게 우리가 뭘 도와주는지 정리할 수 있다. 고민이 무엇인지 주루룩 적어보고(요소 정리), 주요 고민의 흐름을 그린 후(순차적 관계 정리) 그래서 내 제안을 받아들였을 때의 변화를 알려주기(변화 정리) 이걸 훈련하면 나 중심적이었던 길고 긴 이야기는 정리되고, 딱 상대방이 들고픈 이야기로 정리된다. 그러니 우선 상대방 고민의 흐름부터 그려보자.

간단히 사업 소개할 때

비즈니스 모델을 그릴 때도 적용할 수 있다. 우리 사업에 대해 실컷 이야기했는데, "잘 들었어요. 근데 어렵네요." (그러니까 어떻게 돈을 번다는 건지 전혀 못 알아들어서 투자는 못하겠네요) 라는 말을 듣는다면 쉽게 이해할 수 있도록 이 한 장을 그려보자.

'비즈니스 모델'을 쉽게 말하면 '돈을 어떻게 벌 것인가'를 한 장으로 보여주는 것이다. 조금 더 디테일하게는 '누구 누구'를 연결시켜서 '돈은 어디서 나오는지' 보이게 그려주면 된다.

발달장애 아이를 어떻게 키워야 할지 막막한 마음에 2008년, 발달장애 부모를 위한 카페 '느린 걸음'을 만들었다는 장진수 대표님. 사회연대은행 '사회적 기업 육성 프로그램'에서 진행하는 〈3일간 1팀 1사업 소개서 작성〉 과정에서 만나게 되었다.

13년 전 만든 '느린 걸음' 카페에는 5만여 명의 엄마가 함께 어려움과 정보를 나누고 있는데, 카페를 만든 지 10여 년이나 지났지만 그때나 지금이나 달라진 게 없는 힘든 상황이라 조금이라도 개선해보고자 창업을 했다고 한다.

재활치료가 필요한 장애아동 7만 명이 있지만, 13년간 대표님들은 가장 힘든 문제가 4가지 있다고 했다. 우선 치료 대기시간이 길고(평균 대기 1~3년), 지방이라면 오고가는 거리가 너무 멀고 힘겹다(재활병원

43%가 수도권에 집중). 수업료 또한 부담되고(1시간에 평균 6만 원) 무엇보다 힘겹게 오고가며 1시간 수업 후, 집에 왔는데 막상 뭘 어떻게 도와야 할지 부모님들이 매우 막막해한다고 한다. 수업 들을 때는 알 것 같지만 잘 기억나지 않고, 변수 상황에서 어떻게 적용하고 응용해야 할지 막막한 게 어찌 보면 당연하다.

이는 코로나19로 더욱 심각해졌고, 카페에서 이런 고충을 매일 듣다가 발달장애 아이들을 위한 '비대면 교육 서비스' 회사를 창업해서 4가지 문제를 개선했다고 한다. 이 경우 1. 4가지 문제와 개선 방법(어떤 문제를 어떻게 개선했는지) 2. 사업모델(어떻게 돈을 벌며 굴러가는지) 2가지를 핵심적으로 소개해야 한다. 1의 경우는 87쪽, 88쪽, 119쪽에 정리 예시가 많으니 넘어가도록 한다. 여기에서는 2. 사업모델을 어떻게 정리할지 살펴보자.

1. 요소 Cell

누구 누구?

○ 5만 명 엄마가 모인 **느린 걸음**

○ 작업/언어/놀이 영역 **치료 선생님**

○ 7만 명 아이들 (치료가 필요하지만 4가지 이유 '치료비, 거리, 대기 시간, 치료 후 재활'로 어려움을 겪는 7만 명의 부모님과 아이들)

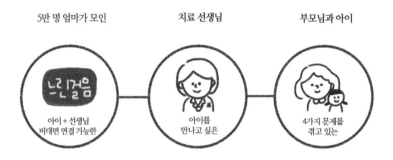

2. **관계** Connection

어떤 연결? 어디서 수익?

5만 명 엄마가 모인 '느린 걸음'이 치료 선생님과 비대면 치료가 필요한 부모님을 연결한다. '느린 걸음'은 프로그램 기획, 연결, 신청 등을 제공하고, 연결 수수료 5.3%를 받는다. 이 3개의 축을 연결하고 주요 수입원을 표시하면 다음과 같다.

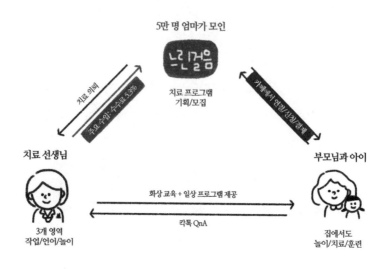

5만 명 엄마가 모인

느린걸음

치료 프로그램
기획/모집

치료 선생님

3개 영역
작업/언어/놀이

부모님과 아이

집에서도
놀이/치료/훈련

치료 의뢰

주요 수입: 수수료 5.3%

카페에서 연결/신청/결제

화상교육 + 일상 프로그램 제공

카톡 QnA

앞서 설명한 '할배달'을 여기에 한 번 더 적용해보자.

1. 요소 Cell

누구 누구?

○ 용돈벌이 필요한 노인 (고학력 아닌, 취약계층 아닌 취업이 너무 어
  려운 190만 명)

○ 배달 필요한 점주

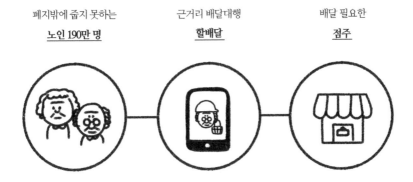

폐지밖에 줍지 못하는   근거리 배달대행   배달 필요한
노인 190만 명   **할배달**   **점주**

2. 관계 Connection

어떤 연결? 어디서 수익?

근거리 배달대행 '할배달'이 노인과 점주를 연결한다. 취업이 어려운 어르신은 2~5시간 노동을 통해 월 40~60만 원 용돈벌이를 하고, 배달이 필요한 점주는 평균 26분 배달, 배달료 28% 절감이 가능하다. 이를 연결시키는 할배달의 주요 수익은 배달 건당 수수료와 가맹비로, 시범 사업을 통해 1년 내 월매출 5억 원 달성이 예상된다. 이를 정리하면 다음과 같다.

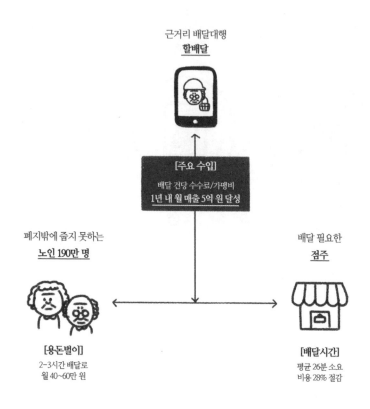

근거리 배달대행
할배달

[주요 수입]
배달 건당 수수료/가맹비
1년 내 월 매출 5억 원 달성

폐지밖에 줍지 못하는
노인 190만 명

배달 필요한
점주

[용돈벌이]
2-3시간 배달로
월 40~60만 원

[배달시간]
평균 26분 소요
비용 28% 절감

실컷 사업 설명을 했는데 "어렵네요."라는 말을 듣는다면 우선 이렇게 한 장을 정리해 보여주면서 이야기하자. "이러한 어려움을 가진 집단이 있는데요, 우리는 이렇게 연결해줄 거고 수익은 여기에서 납니다."

비즈니스 모델: 돈을 어떻게 벌 것인가?

[요소] 누구 누구를 연결시키고

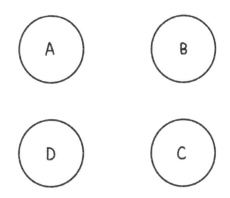

[관계] 뭘 주고받으며 돈은 어디서 나오는지

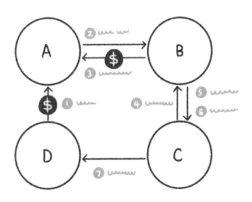

[변화] 어떤 결과를 이끌어냈거나 낼 수 있는지

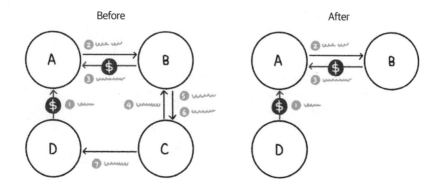

　주의점은 사업의 모든 것을 그리려 하면 안 된다는 것. 핵심 요소와 핵심 관계만 추출해서 심플하게 그려야 한다는 걸 유념하시라. 그대도 상대방도 눈과 삶이 피곤하니.

진행의 흐름을 이해시켜야 할 때

예전에 대전 둔산 경찰서에서 명함에 사건 처리 절차를 그림으로 그려 민원인들로부터 좋은 반응을 얻고 있다는 기사를 보았다. 앞면에는 보통 명함처럼 직위, 성명, 연락처가 있고, 뒷면에는 '고소 고발 등 민원 사건 처리 절차'를 도식화해 알기 쉽게 만든 것이다.

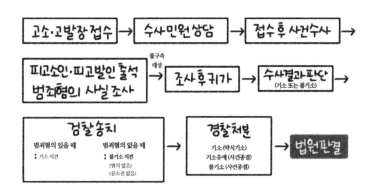

이렇게 관계자나 전문가들은 당연하게 알고 있는 흐름이지만, 이것을 처음 접한 이들이나 가끔씩 접하게 되는 이들이 관련 일을 갑자기 해야 할 때, 전체적으로 어떤 단계가 있는지(구조), 어떤 흐름으로 굴러가는

지(관계), 그래서 지금 내가 어느 단계에 와 있는지 이런 흐름도를 보며 도움을 얻는다.

막막해하는 상대방을 배려해 내가 말하고자 하는 일의 구성과 진행 흐름 도식을 그려보시길 추천드린다.

5

비교

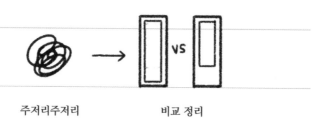

주저리주저리 → 비교 정리

내 머릿속 복잡한 주장을 비교표 한 장으로
명쾌하게 정리하는 방법을 6개의 사례로 알아보자.

왜 이것인지 증명할 때

입덧이 너무 심할 때 나는 망고를 많이 사먹었는데 그때 전단지에,

가장 신선한 '대디스팜' 프리미엄 태국 망고!

이렇게 단순 주장만으로 써 있었다면 못미더웠겠지만, 전단지에는
아래처럼 비교가 잘 되어 있었다.

가장 신선한 '대디스팜' 프리미엄 태국 망고!

Why?

[수입 과일 유통구조]

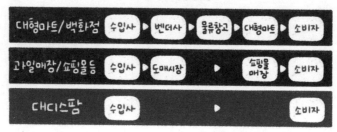

눈앞에서 이렇게 비교된 한 장의 그림을 보니 '그렇다면 그럴 수도 있겠다' 끄덕이게 되더라. 물론 대형마트, 백화점, 매장, 쇼핑몰 등도 강점이 분명히 있지만, 지금 이 화두에서 바로 비교표를 들이미니 우선 납득이 되고 신뢰가 갔다. 덕분에 마음 놓고 맛있게 먹었다.

내 것만 자랑하면 아무 의미 없다. 비교해서 보여줘야 상대방은 합리적으로 받아들이고 고개를 끄덕일 수 있다. 나는 내 아이디어를 단순 주장만 하고 있는지, 비교표로 보여주고 있는지 체크해보자.

왜 해야 하는지 설득할 때

치과에 갔다가 표 한 장을 보게 되었다. 정작 의사선생님은 아무 말씀 없었지만, 나는 이 한 장에 설득되어 그 후 치과에 정기적으로 다니게 되었다. 남편은 팩트와 증명이 없으면 어떤 말도 믿지 않는 사람인데, 이 표는 그런 남편도 설득시켰고 이제는 함께 정기검진을 다닌다.

호미로 막을 일 가래로 막게 된다?

Before	단계	구강 내 상태	주요치료 및 처치	After	비용지수
	검진 단계	매년 주기적인 검진	검진 & 스케일링		1
	충치 1단계	검은 색의 작은 점 or 선 확인	스케일링,충치 제거, 레진 치료(흰 재료)		5.8배
	충치 2단계	굵은 검은 선 확인, 시림	스케일링,충치 제거 인레이 치료(금땜)		14.5배
	충치 3단계	구멍 확인, 깨짐, 시림,통증,구취	스케일링,충치 제거 신경치료,크라운(금니)		24.9배
	충치 4단계	치아 파손, 무감각 심한 통증,구취	스케일링,발치, 임플란트 식립		104.3배
	방치 단계	주변 치아에 감염, 통증,뼈 손실, 치아 쏠림	스케일링,추가 발치, 부분교정,뼈 이식, 임플란트 추가 식립		209.8배

1. 요소 Cell

뭐랑 뭐?

치료를 미리 했을 때랑 완전 늦게 했을 때.

2. 관계 Connection

어떤 관계?

6단계로 나눌 수 있고, 단계별로 비용이 점층적으로 늘어난다. 늦을수록 비용이 기하급수적으로 늘어나는 구조.

3. 변화 Change

그래서 어떻게 된다고?

209배까지 갈 치료비, 미리 검진만 잘해도 아낄 수 있다고.

대부분의 제안서는 이 표 한 장이 없어서 그렇게 길어지는구나 싶었다. 이 정리 기술을 보고 크게 배웠다. 결국 내 제안을 받아들였을 때랑 받아들이지 않았을 때 상대방이 얻는 것을 비교한 비교표 한 장을 보여줘야 하는구나. '내 제안을 받아들일 때 vs. 아닐 때' 한눈에 딱 비교되는 한 장이 있는가? 없다면 그려보자. 만약 채울 내용이 없다면 그것부터 보완해보자.

내 주장을 합리적으로 이해시킬 때

D사에서 2일간 1인 1기획서 작성 수업을 할 때였다. 학습자님은 자신의 팀장님에게 종이설문이 아닌 전자설문(네이버 폼)을 쓰자는 내용을 제안하고 싶어 했다.

1. 요소 Cell

뭐랑 뭐?

'전자설문이 뭐랑 뭐'보다는 우선 '전자설문을 왜 해야 할지'를 설득해야 하니, '상대방이 신경 쓰는 것이 뭐랑 뭐'일지부터 생각해보았다. 학습자님은 항상 팀장님이 고심하는 부분인 비용과 시간을 축으로 넣기로 했다. 그리고 보관의 비교우위가 강력하니 이것까지 추가하여 축을 만들었다.

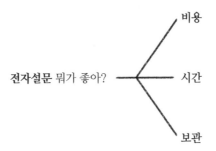

2. 관계 Connection

어떤 관계?

안 했을 때와 했을 때의 비교 관계와 그로 인해 생길 변화를 한 장의 표로 정리했다. 막연한 주장이 되지 않도록 각 칸에 숫자를 정리해 넣었다.

3가지 강점

기존 설문 VS 전자 설문

	기존 설문	전자 설문 (네이버 폼)
1. 비용	인쇄비 (연간 약 1440장)	0원 (0장)
2. 소요 시간	연간 156시간 7단계 ⟶ ① 만들어서 ② 인쇄하고 ③ 자르고 ④ 배부하고 ⑤ 걷어서 ⑥ 취합하고 ⑦ (교육 후 기간 고려해서) 파쇄하기	연간 52시간 2단계 ① 만들어서 ②인쇄하고 ③자르고 ④배부하고 ⑤걷어서 ⑥취합하고 ⑦(교육 후 기간 고려해서) 파쇄하기
3. 보관	공간 차지 O (인사팀 보관 중)	공간 차지 X (서버 저장)

이렇게 정리한 뒤 뒷장에 '전자설문 실행 시 우려점 2가지'를 예상하여 어떤 대안이 있는지도 추가했다. 전지전능한 신이 아닌 이상 인간이 추진하는 모든 일은 좋은 점만 있는 것이 아니니 내 주장을 이야기했다면 상대방의 우려 또한 유념하여 합리적으로 고려했음을 보여주는 것도 중요하기 때문이다.

뭘 바꾸겠다는 건지 정리할 때

국내 연간 수산물업의 총매출액은 약 66조 원, 그중 B2B 시장 거래액은 약 9조 원 대로 매출액과 거래 규모가 매우 크다고 한다. 그런데 기존 시장이 매우 복잡하고 불투명한 공급자 중심 시장이라 유통 과정에서 발생하는 마진이 약 20~30%, 소매까지 이어지면 최대 60%까지 높아진단다.

이 중간 유통을 줄여 저렴한 가격으로 수산물을 공급하고자 이영원 대표님이 해산물 온라인 직거래 플랫폼 '해물사관학교'를 론칭했다. 이 사업의 존재 의의를 한 장으로 그려보자.

1. 요소 Cell

뭐랑 뭐?

누구랑 누가 있는지부터 보자. 판매자랑 구매자가 있다.

판매자

↓

구매자

2. 관계 Connection

둘이 어떤 관곈데?

지금은 마진이 60%나 붙는 복잡하고 불투명한 상황. 중간에 뭐가 그렇게 많고 복잡한 것인지 팩트를 찾아서 정리한다.

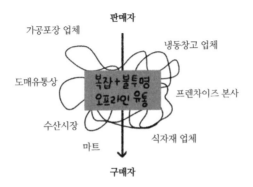

3. 변화 Change

그래서 어떻게 한다고?

해물사관학교가 [불투명+복잡] 기존 유통을 → [투명+간단] 온라인 직거래로 바꾼다는 걸 비교해서 그려주자. 단순 주장만으로 끝내지 말고, 숫자적으로 진짜 좋아지는지(기존 대비 30% 저렴) 정리해서 보여주자.

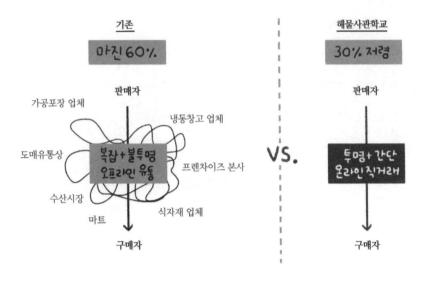

마진60%.

30% 저렴

판매자

판매자

가공포장 업체

냉동창고 업체

도매유통상

복잡+불투명
오프라인 유통

VS.

투명+간단
온라인직거래

프렌차이즈 본사

수산시장

마트

식자재 업체

구매자

구매자

4. 세부 Detail

해물사관학교가 기존 유통을 바꾸기 위해 세부적으로 진행하는 것 3가지 요소(정보, 책임, 접근)를 구분하여 전후 내용 추가하면 최종적으로 다음 한 장으로 정리된다.

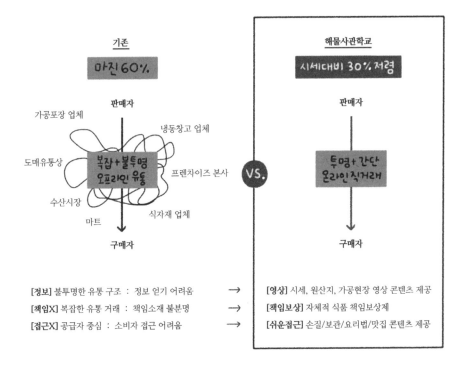

[문제] 핵심은 비싼 수산물 (판매-구매자 간 60%나 붙는 마진)

[이유] 평균 7개의 복잡하고 불투명한 기존 유통 때문

[제안] 투명하고 간단한 온라인 직거래, '해물사관학교' 제안

[세부] 핵심 개선 3가지

한 장으로 그리다 보면 내용이 명확하게 정리될 때가 많다. 진짜 필요한 정보와 그렇지 않은 정보가 분류되는 것이다. 내 아이디어가 무엇을 어떻게 바꾸는지 차분히 한 장으로 정리해보시라.

뭐가 달라지는지 비교해서 딱 보여줄 때

데이터 기반 광고 업체인 PLAYD에서 3일간 1인 1제안서 작성 수업을 할 때 였다. PLAYD가 가진 광고 서비스 중 '구매 추적'이 매우 인상적이었는데, 이를 어떻게 한 장으로 정리할지 고민하게 되었다.

기존 광고는 광고를 본 소비자가 결국 구매를 했는지 안 했는지 알수가 없다. 그런데 구매 추적 광고는 우선 사이트에 들어온 사람들, 장바구니에 넣어두고 안 사는 사람들, 즉 관심 있는 사람들에게 추가 노출을 시켜주고, 결국 그 사람이 샀는지 안 샀는지 구매 여부를 알 수 있다고 한다. 이를 통해 어떤 소비자군이 어떤 제품에 더 관심이 있는지, 광고 효율이 높은 제품이 무엇인지 데이터가 쌓여 다음 광고에 반영할 수 있다고 한다. 이를 정리해보자.

1. 요소 Cell

뭐랑 뭐?

기존 광고랑 구매 추적 광고

2. 관계 Connection

둘이 어떤 관곈데?

비교 관계. 기존 광고는 광고 후 구매 여부를 알 수 없지만, 구매 추적 광고는 알 수 있다. 그 외 장점이 더 있으니 주루룩 나열할 게 아니라 요소 정리를 해보자. 146쪽 설명을 읽으며 '무엇'과 '무엇'이 있는지 동그라미를 치며 읽어보시라.

1. 구매 조회
2. 추가 노출
3. 광고 반영

관련 내용과 넘버링, 소제목을 넣으면,

[구매 추적 광고] 3가지 강점
1. **구매 조회:** 일정기간 내 구매 여부 알 수 있음
2. **추가 노출:** 상품에 관심 있는 사람들에게 추가 노출 가능
3. **추후 반영:** 다음 광고에 구매패턴 데이터 반영하여 집행

비교표로 그리면,

[구매 추적] 기존 광고 대비 3가지 강점

기존광고	구매추적 광고 *3가지 기능
구매 여부 알 수 없음	**1. 구매 조회** 일정기간 내 구매 여부 알 수 있음 **2. 추가 노출** 관심 있는 사람들에게 추가 노출 가능 (ex. 장바구니 넣은 사람, 사이트 들어온 사람) **3. 추후 반영** 다음 광고에 구매패턴 반영하여 효율↑

이것만이 정답은 아니니, 아래 3가지를 체크해보면 된다.

○ 숫자 들어간 소제목을 넣었는지

○ 항목 정리를 했는지 (구매 조회, 추가 노출, 추후 반영)

○ 각 항목을 쉽게 이해하도록 우뇌/좌뇌적으로 균형 있게 작성했는지

이렇게 담백하게 비교표로 그릴 수 있고 학습자 혜정 님이 그려주신 것처럼 왼쪽 vs. 오른쪽 비교 후 흐름까지 보여주면 더 이해가 쉽다.

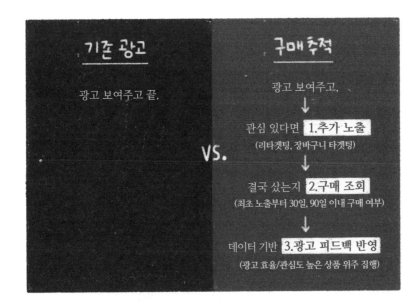

기존 광고

광고 보여주고 끝.

VS.

구매추적

광고 보여주고,

관심 있다면 1.추가 노출
(리타겟팅, 장바구니 타겟팅)

결국 샀는지 2.구매 조회
(최초 노출부터 30일, 90일 이내 구매 여부)

데이터 기반 3.광고 피드백 반영
(광고 효율/관심도 높은 상품 위주 집행)

비교표는 내가 말한 제안을 했을 때와 안 했을 때 뭐가 좋은지, 추가로 몇 가지가 더 좋은지 분명히 보이기에 상대방이 합리적인 선택을 하도록 돕는다. 주저리주저리보다 100번 나은 배려!

기존과 다른 점 한눈에 보이게 정리할 때

환경을 생각하는 청년들이 설립한 주얼리 브랜드 '다이아몬드 포레스트(디아만티스타)' 사례를 살펴보자. 아름답기만 한 다이아몬드인데, 그게 만들어지는 과정은 그리 아름답지만은 않은가 보다.

나 또한 대표님의 이야기를 듣고 깜짝 놀랐다. 환경부 패키지쓰레기 사용자 수치 기반 '주얼리 제품의 환경파괴 지표'(2018)를 살펴보면, 다이아몬드 1ct을 채굴하려면 스톤 채굴 시 먼지가 1000kg 발생하고, 물이 500ℓ 필요하다고. 또한 링을 만들 때에는 금속 광산 폐기물 배출량이 연간 400kg이 되고 패키지 쓰레기도 평균 64kg 나온다고.

대표님은 이 사실을 알았을 때, 주얼리 디자이너로서 '나는 트렌디한 쓰레기 제작자 혹은 아름다움을 추구하는 환경파괴자일까?'라는 고민이 생겨 방황했고, 그러던 중 친환경 다이아몬드를 알게 되었다고 한다. 이름하여 랩 그로운 다이아몬드Lab Grown Diamond, 실험실에서 키워낸 다이아몬드라는 뜻인데 실험실에서 천연 다이아몬드 시드를 고온고압 환경에서 만든 양식 다이아몬드다.

이 이야기를 듣자마자 나는 "근데 실험실에서 만들면 그게 진짜 다이아몬드인가요?" 하고 물었다. 기존 것과 같은 건지, 다른 건지 혼란스러웠다.

이렇게 뇌 입장에서는 새로운 정보가 들어왔을 때, 기존에 알고 있던 정보와 어떤 게 같고 다른지를 체크한다. 이게 정리되지 않으면 정보를 어떻게 받아들여야 할지 혼란스러워진다. 혼란을 겪을 상대방을 배려하려면, '내가 말하는 ○○은 기존에 네가 알고 있는 것과 이것은 같고 이것은 달라.' 하고 정리해주면 된다. 대표님 또한 나를 위해 그렇게 해주셨다. 아래는 같은 점과 다른 점을 한번에 정리한 비교표다.

항목	천연 다이아몬드	랩 그로운 다이아몬드	
검증 이거 진짜 맞아?	광학적/물리적/화학적 특성 100% 동일		빛, 색 불변성 동일
가격 얼마나 저렴한데? *1캐럿 기준 평균	7,000,000원 →	3,500,000원	30~50% 저렴
환경 환경에 도움되는 거?	지구 면적 파괴 1000kg 물 사용량 500ℓ →	**지구 면적 900kg 보호 물 절약량 500ℓ**	약 90% 절감

실험실에서 만들어진 다이아몬드지만, 천연 다이아몬드와 광학적/물리적/화학적 특성과 분자식이 다음과 같이 100% 완벽히 같다고 한다.

	실험실 다이아몬드	천연 다이아몬드
화학적 조성	C	C
결정 조직	입방형	입방형
굴절률	2.42	2.42
분산	0.044	0.044
경도	10	10
밀도	3.52	3.52

　다이아몬드가 가지고 있는 빛과 색이 지속되는 아름다움의 불변성은 완벽히 동일하면서도, 실험실에서 만들어졌기에 채굴 시 발생하는 환경파괴적인 요소는 평균 90% 줄어들고, 가격 또한 30~50% 수준으로 합리적으로 바뀐다고 한다. 또 친환경이란 포인트를 갖게 되어, 리사이클 메탈과 친환경패키지로 다 맞춤하셨다고. 이 바쁜 세상살이 속에서도 환경을 생각하는 마음을 배우는 시간이었다.

　이렇게 이미 뇌 속에 가지고 있는 기존의 것과 비슷한지 다른지가 잘 보이면 훨씬 빠르게 정보를 파악할 수 있다. 내가 말하고 싶은 게 있을 때, 상대방 머릿속에 있을 기존 정보를 가늠하여 그것과 같은 점, 다른 점을 정리해보자.

6

공통점

주저리주저리   공통점 정리

내 머릿속 구구절절 속에서 공통점을 찾아
한 장으로 정리하는 방법을 2개의 사례로 알아보자.

핵심이 무엇인지 알려줄 때

앞의 25~32쪽에서 무려 8쪽에 걸쳐 왜 긴 글이 아닌 도식화 한 장을 그려야 하는지 뇌 실험을 근거로 이야기했다. 나는 이렇게 글을 쓰고 한 챕터가 끝나면 그 챕터를 한 장으로 정리하려 노력한다. 독자님들을 위한 배려이기도 하고, 나 또한 길을 잃지 않으려는 고군분투다. 나 역시 생각이 너무 많아 정리가 잘 안 되는 스타일이기 때문이다. 25~32쪽에서 내가 하고픈 말을 한 장으로 정리하면? (독자님도 한번 정리해보시라.)

1. 요소 Cell

뭐랑 뭐?

선호, 기억, 영향력 3가지 차원으로 정리했고 각각에 증명하는 뇌 이론을 넣어두려 노력했다. 그래서 앞의 〈Chapter 2. Key Point〉에 이 한 장을 넣을 수 있었다.

긴 글보다 그림이 효과적인 3가지 이유

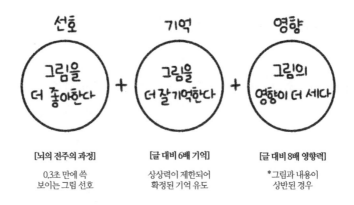

2. 관계 Connection

둘이 어떤 관곈데?

단순 정보 정리면 3가지 요소를 구분하는 것으로만 끝내도 충분하다. 하지만 이 3가지의 관계가 무엇일지 좀 더 생각해보았다.

먼저 상식선에서 선순환 관계를 그릴 수 있다. 더 선호하니까 더 기억하고 더 큰 영향력을 갖는 선순환.

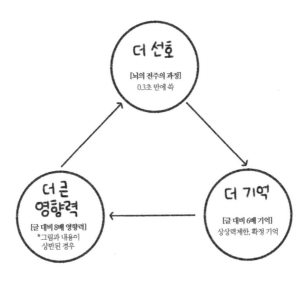

각 요소를 구분해서 그린 뒤, '증명 내용'을 적어 내용의 신뢰성을 높이면 좋다. 혹은 다음처럼 공통 관계로 그릴 수도 있다.

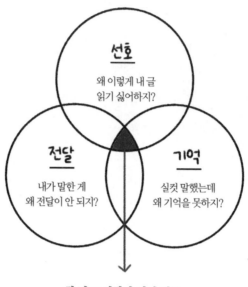

한 장 도식화가 없기 때문

"왜 이렇게 내 글을 읽기 싫어하지? 실컷 말했는데 왜 기억을 못하지? 내가 말한 대로 왜 전달이 안 되지? 바로 도식화 한 장이 없기 때문" 이런 식으로 문제의 핵심 원인을 정리할 때 사용할 수 있다.

따로 나타나는 현상이라고 생각했던 것들의 '핵심 원인은 이것'이라고 그것을 증명하는 내용과 함께 정리해주면 듣는 사람 입장에서는 속이 시원하다.

공통점 정리의 강점은 내가 말하고자 하는 것의 '핵심'이 부각되어 보인다는 것이다. '아, 무엇이 없기 때문이구나', '아, 사실은 이것 때문이었구나'가 정리되므로 가장 전문적으로 보이는 정리 기술 중 하나다.

숨겨진 문제를 분석할 때

뇌 MRI를 하거나 검사를 해봐도 이상이 없는데 두통이 잦아서 두통약을 많이 먹었다. 이것저것 다 해보다가 자세 교정과 치과 치료 2가지로 많은 효과를 봤다. 우선 나의 구부정한 자세가 두통에 지대한 영향을 미쳤다. 이건 구부정하게 앉아 매일 컴퓨터를 하는 많은 직장인들에게 해당되는 이야기라 내가 쓴 책인 『한 장 보고서의 정석』에서 다뤘으니 여기선 넘어간다.

또 힘들었던 것은 푹 자고 아침에 일어났는데, 일어나자마자 머리가 아프다는 거였다. 사실 두통 때문이 아니라 이갈이를 고쳐보고자 이갈이 전문 치료를 받으러 갔다가 생각지도 못하게 수년간 괴로워했던 아침 두통에서 거의 해방되었다. 바로 그 치료 때 들은 이야기로 지금부터 공통 도식 그리기를 해보려 한다.

이갈이를 전문적으로 치료하는 가나가와 치과 박한성 원장님에 따르면 오만 가지 검사를 해도 아무런 이상이 나오지 않는 스트레스성 두통은 옆머리 근육이 뭉쳐서 생기는 긴장성 두통인 경우가 많은데 이는 전체 1차성 두통의 80%라고 한다.

그림처럼 옆머리에 손을 얹고 이를 세게 물면 옆머리 근육이 볼록해지는 걸 느낄 수 있다. 그런데 식사나 일상생활에서 이를 쓸 때보다 수면 중 이를 갈 때 최소 2배에서 무려 10배의 힘을 옆머리 근육에 가한다고 한다.

밤새 쁘드득 이를 갈았으니 옆머리 근육이 평소보다 10배나 강한 힘을 받아 근육이 뭉쳐 머리가 아팠다는 걸 처음으로 알게 되었다. 같은 맥락에서 두통뿐만 아니라 어깨, 목 뭉침과 턱 관절 장애도 이갈이가 많은 영향을 준다는 데에도 수긍이 갔다.

의사선생님의 말씀을 듣고 그간 내가 겪었던 수많은 현상들의 원인을 알게 되었고, 적절한 교정을 거쳐 많은 효과를 봤다. 처음 병원에 갔을 때 의사선생님이 '이갈이' 관련 설명을 꽤 오래 해주셨는데, 우선 30여 년에 걸친 이갈이의 진실을 깨닫게 되어 기뻤다. 그리고 직업병 때문인지 긴 말씀을 들으며 머릿속으로 도식화를 그렸다.

예를 들면,

"머리가 자주 아파서 오만 가지 검사를 해도 별 이상이 없다 하는데 나는 매일 아프고, 어깨, 목도 뭉치고 매일 이런 일을 많이 겪잖아요."

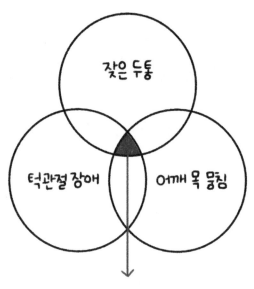

따로따로인 것 같지만 이갈이 때문

"하지만 사실 이갈이가 원인인 경우가 많아요. 이 흐름도를 보면 좀 더 이해가 될 텐데요."

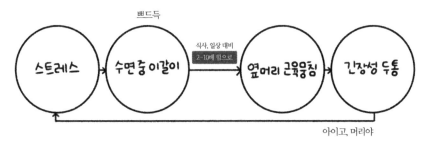

〈긴장성 두통의 흐름〉

쁘드득

스트레스 → 수면 중 이갈이 → 옆머리 근육뭉침 → 긴장성 두통

식사, 일상 대비
2~10배 힘으로

아이고, 머리야

"스트레스를 받으면 이를 갈죠. 이를 갈 때 일상에서보다 2~10배의 힘으로 이를 갈아요. 그러면 옆머리 근육이 뭉쳐서 긴장성 두통이 되는 거예요. 긴장성 두통은 전체 1차 두통의 80%나 돼요."

그래서 어떻게 이갈이를 치료하는지까지 이야기하면 너무 많은 이야기를 해야 하고 나의 전문 분야도 아니니 관심이 있다면 원장님이 운영하시는 유튜브에서 '2갈이 박박사TV'를 검색해서 보시라. 참고로 '길게 들었던 말을 도식화했던 경험이 뭐가 있었지?' 생각하다 선택한 예시일 뿐, 모두 다 내 돈 내고 겪은 후기임을 밝힌다.

사실 전문가가 아니면 따로따로 나타나는 것 같은 현상들이 결국 하나의 원인 때문이라고는 알 길이 없다. '이런 일, 저런 일들이 사실은 이것 때문이야' 하고 숨겨진 핵심 요인을 정리해주는 것은 전문가로서의 능력이자 책임이라고 본다.

물론 '100% 이것 때문이다'는 없다는 걸 감안하고 듣는 것도 어른의 자세다. 신이 아닌 인간에게 100%, '이것만 하면 될 거야', '이것만이 나를 구원할 거야'를 기대하는 건 판타지라는 걸 알 때가 되었으니, '최선의 합리적인 과정을 거쳐서 가장 주요한 요인을 정리한 것이 이것이다' 정도로 말하고 받아들이는 센스가 필요하다. 즉 두통의 원인은 수백만 가지가 있을 것이다. 하지만 '이런 조건에서 가장 큰 요인이 이것일 수 있다'라고 합리적으로 정리하는 거다.

공통 도식은 아주 간단히 상황 정리할 때 쓰면 깔끔하다. 할 일은 너무 많은데 자도자도 피곤하고 몸은 점점 안 따라준다. 이때 면역력이 약한 게 문제라는 걸 보여주고 싶다면,

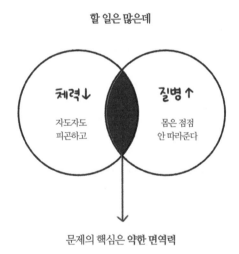

할 일은 많은데

문제의 핵심은 **약한 면역력**

이렇게 간단히 정리할 수 있다. 공통 도식으로 내가 하고픈 이야기를 깔끔하게 정리해보시라.

○ 따로따로처럼 보이는 상황들, 사실 이것 때문이야
○ 이러이러한 문제들, 핵심은 바로 이거야

이걸 정리했을 때 우리의 주저리주저리는 명료해지고 듣는 상대방도 속 시원하다. 이곳은 '이갈이' 전문 치과라 앞의 비교표 예시에서의 정기검진 치과와는 다른 곳이다. 이렇게 좋은 예시들은 우리 일상에 널려 있으니 볼 때마다 사진으로 수집해놓으시라. 특히 전문적인 내용을 다루는 곳의 자료에는 '긴 글 → 한 장 도식'의 예시가 많다. 물론 '긴 글 → 더 주저리주저리'인 곳도 많지만.

7

피라미드

주저리주저리   피라미드 정리

내 머릿속 희뿌연 정보를 피라미드 한 장으로
명확하게 정리하는 방법을 3개의 사례로 알아보자.

단계별 정보를 보여줄 때

한 장의 그림을 보고 난 뒤, 강의 방법을 적극적으로 바꾸게 된 일이 있다. 바로 미국 행동과학연구소에서 연구한 '학습 방법에 따른 24시간 후 기억력 비율'이다. 학습 24시간 후 그 내용이 얼마나 기억에 남아있는지를 분석한 것인데, 인생은 원래 허망하다 쳐도 결과를 보니 역시나 참 허망하다.

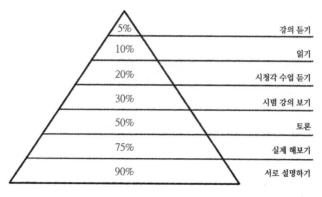

〈학습 방법에 따른 24시간 후 기억력 비율〉

5%	강의 듣기
10%	읽기
20%	시청각 수업 듣기
30%	시범 강의 보기
50%	토론
75%	실제 해보기
90%	서로 설명하기

출처 : National Training Laboratories

그저 가만히 앉아서 듣는 강의는 끝난 후 기억되는 게 단 5%라고. 이게 어느 정도냐면 8시간 수업한다면 쉬는 시간 제외하고 20분 정도의 분량만을 가져가는 셈. 결국 의미 있는 학습이 되려면 그것에 대해 이야기해보고, 실제로 해보고, 내가 배운 것에 대해 설명해보는 것이 중요하다고 한다.

사실 학습 현장에서 10년간 '일방적 특강이 얼마나 무의미한가'를 뼈저리게 느낀 1인으로서, 강의에 무조건 실습과 토론과 서로 가르치기를 넣으려 노력한다. 하지만 이 또한 강사의 이상일 뿐 현장은 너무 바빠서 "(이상적인 이론 됐구요) 짧은 시간에 최대한 많은 내용을 알려주세요."를 원하셔서 타협해야 할 때는 토론과 서로 가르치기는 빼더라도 실습만은 꼭 넣으려 노력한다. 기획을 배운 후 1인 1기획서를 쓰게 하려 하고, 한 장 보고서를 배우면 최소한 핵심 정리 실습을 스스로 10번은 해보게 하려 한다.

'학습 방법에 따른 24시간 후 기억력 비율' 이론을 정리한 사람의 사고 순서도 정보의 요소와 관계 정리다.

1. 요소 Cell

뭐랑 뭐?

학습의 종류에는 뭐랑 뭐가 있지? 우선 강의를 듣는 것, 읽는 것, 시청각 수업을 듣는 것, 시청각 수업을 보는 것, 토론하는 것, 실제로 해보는 것, 서로 설명하는 것 7개로 나누어 각각의 기억량을 측정했다.

혹은 7개도 뇌가 피곤해하기에 자세한 정보를 알기 원치 않을 때는 공통점이 있는 2~3개로 묶어 보여주는 센스가 필요하다. 뇌는 우선 큰 덩어리를 인식한 다음 세부적으로 들어가길 원하기에 예를 들면 수동적인 학습과 능동적 학습으로 나눠보는 거다. 혹은 학습자가 홀로 앉아서 가능한 학습과 학습자가 함께 움직이며 가능한 학습으로 나눠보는 거다.

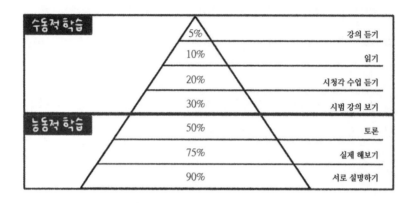

2. 관계 Connection

각각의 학습은 어떤 관계?

효율의 계층 관계로 보았고 그것을 피라미드로 정리했다. 이렇게 피라미드 정리는 단계적인 정보를 정리할 때 매우 유용하다.

이 이론을 보면서 느낀 2가지는 첫째, 내가 이 이론을 그저 글로만 접했다면 이렇게까지 강렬하게는 인식하지 못했을 수 있다는 거다.

강의를 듣기만 하면 5%, 읽기만 하면 10%, 시청각 수업을 들으면 20%가 남습니다. 시범강의를 보면 30%가 남고, 실제 토론을 해보면 50%가 남습니다. 실제 해보면 75%, 서로 설명하면 90%까지 남습니다.

VS.

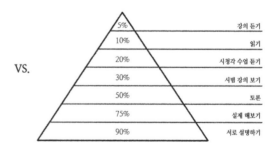

이 그림을 보는데 피라미드의 뾰족한 부분이 나의 뇌리를 찔렀다. '학습자들 계속 가만히 듣게만 하게 할 거야?'라고. '아니, 그러면 안 되겠네.'라는 마음이 들게끔.

둘째는 세모의 힘이다.

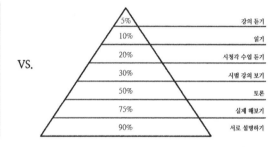

만약 이 이론이 네모로 정리되었다면 날카롭게 와 닿는 건 덜했을지도 모르겠다. '헉. 저렇게 정말 조금만 기억에 남는구나.' 하고 5%가 속한 좁디좁은 공간이 내 뇌리에 남았다. 그래서 '수업을 실습으로 많이 바꿔야겠다.' 하고 비장하게 결단하고 실행할 수 있었다.

핵심 기반이 무엇인지 보여줄 때

NGO에서 제안서 작업을 할 때였다. 누군가에겐 한 달에 디저트 한두 번 더 먹을까 싶은 돈이지만 누군가에겐 한 달을 살게 해주는 3만 원 후원을 독려하는 제안서였다. NGO에서 자주 듣는 말이 '나 하나 돕는다고 뭐가 달라질까?'라고 한다. 그만큼 시니컬한 반응도 많다는 거다.

당연히 그렇게 느낄 수 있다. 그냥 돈 많은 사람들이 수억으로 수백 명 멋있게 도우면 되는 거 아닌가 싶은 생각이 들기도 한다. 고작 내가 내는 3만 원으로 무슨 일이 일어날까 싶기도 하다.

하지만 그렇지 않다. 현장에서는 한 명 한 명의 후원자가 너무나 소중하다. '나 하나 들어간다고' 혹은 '나 하나 빠진다고'가 아니라 그 하나가 모여 수많은 이들을 살리고 있다. 이렇게 말하면 그저 '단순 주장' 혹은 '감성 논리'가 되니까, 이게 눈에 보이도록 정리를 해야 한다. 어떻게?

1. 요소 ^{Cell}

뭐랑 뭐?

우선 '개인 후원자'를 포함하여 어떤 후원자들이 있는지를 나눠보았다. 크게 3가지로 나눌 수 있었다.

○ 개인 후원자

○ 단체, 기업, 정부

○ 고액 후원자

2. 관계 Connection

각각의 비율은?

교육 당시 기준으로 그들의 후원금 비율을 찾아 계층 관계를 정리해

봤다.

○ 개인 후원자: 82%

○ 단체, 기업, 정부: 15%

○ 고액 후원자: 3%

결과는 생각과 정반대였다. 돈 많은 사람들이 고액 후원해주는 것도 너무 소중하지만, 3만 원씩 내는 한 명 한 명의 후원도 이렇게나 큰 힘이 되고 있구나 싶어 이 결과에 울컥하기도 했다.

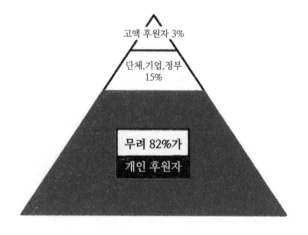

고액후원자 : 3%

단체,기업,정부 : 15%

개인 : 82%

그리고 이걸 위처럼 원형 차트로 그릴 수도 있지만,

피땀눈물로 모은 소중한 3만 원 후원이 생명을 살리는 데 얼마나 큰

기반을 이루고 있는지 보여주기 위해 이렇게 피라미드 형태로 그렸다.

고액 후원자 3%

단체,기업,정부
15%

무려 82%가
개인 후원자

그리고 이걸 PPT로 정리했다. 맨 위에는 상대방이 가질 법한 의문을 넣고, 맨 아래에는 그것에 대한 답을 넣는다.

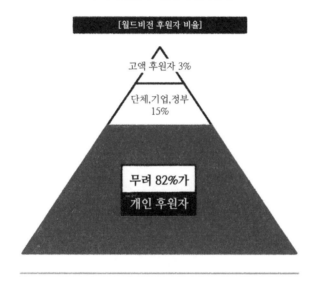

오히려 가장 많은 비율의 개인 후원자.

후원처가 어디든 매달 한 영혼의 영원을 바꾸기 위해 후원해주시는 분들께 같은 마음으로 존경과 감사의 마음을 표한다. 따뜻한 한 명이 세상을 살리고 있는 중이기에.

기획서 전체를 한 장으로 정리할 때

제일기획에 다니던 때, 모 금융사에 제안할 최종 기획서를 정리하는 긴장감 넘치는 밤이었다. 디자이너가 최종 정리를 하고 있어서 나는 우리 팀 기획서를 넘기고 쉬고 있는데, D선배님이 나를 부르셨다. 그리고 내 눈앞에서 종이에 표를 하나 쓱쓱 그리시며 말씀하셨다.

> "우리 발표 순서가 5개 팀 중 4번째인데, 이 제안서 너무 길어서 고객사
> 가 듣기 힘들고, 다 듣고 나서도 뭔 소린지 다 까먹어. 그러니까…"

- ㅇ 이 [목표]를 가지고
- ㅇ 지금 우리 [상황]은 이래서
- ㅇ 이런 [전략]을 세웠는데
- ㅇ 이건 [3단계]로 이렇게 진행되고
- ㅇ 이런 [결과]를 예상한다

라고 말씀하시며 만년필로 쓱쓱샥 표를 그리시곤,

목표	
문제	
전략	
진행	
성과	

"이 표, 채워와.

채워서 PPT 1장으로 만들어와"

"앗… (자신 없는 목소리로) 네… (아니요 라고 대답 할 수는 없으니까)"

라고 소극적으로 대답한 뒤 내 자리에 앉아 100여 장의 기획서를 뒤적이며 표를 채우고 있었다. 한 장의 표를 채우던 새벽 2시쯤, 느낌이 왔다.

아, 이 100장의 기획서는 결국, 이걸 말하는 거구나.

결국

이걸

기획서 작성자인 나조차 "결국 말하고 싶은 게 뭐야?" 하고 누군가가 묻는다면 대답하기 어렵고 머릿속이 복잡한 상황이었다. 그런데 표를 채우다 보니 "이거요." 하고 한 장 보여주며 대답할 수 있게 된 것이다(이걸 실제 적용할 때는 한 명만 그리기보다 두세 명이 각자 그려 와서 서로 비교해보며 좀 더 알아듣기 쉬운 한 장으로 통합하여 완성하는 걸 추천한다).

그렇게 정리된 한 장의 표는 제안서 PPT의 가장 마지막 장에 들어갔고, 길고 긴 발표에 그 자리에 있던 모두의 뇌가 '뭔 소리야?' 하고 지쳤던 순간, "제안 한 장으로 정리하겠습니다." 보여주면서 끝냈다.

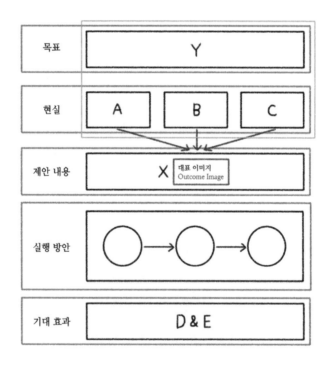

한 장으로 정리하면 다음과 같습니다.

1. **목표:** 말씀하신 우리 목표 Y 대비 현재 상황은 A, B, C라서

2. **제안:** X 전략을 제안합니다. (Key Word + Key Image)

3. **진행:** 이렇게 3단계로 진행할 것이고 (+ 예산, 일정, 담당)

4. **성과:** D&E 예상 성과를 기대합니다.

이해를 돕기 위해 상황부터 이야기했지만, 정리를 할 때는 상대방이 중시하는 결론부터 이렇게 정리할 수도 있다.

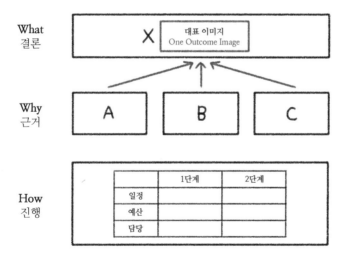

What (결론) X를 해야 합니다.

Why (근거) A, B, C의 문제/성과 있기 때문에

How (진행) X를 위한 ○단계, 일정/예산/담당

종이에 표를 그려주시던 선배님의 만년필 소리 '쓱쓱삭'이 아직도 생생하다. 그 내공을 가지고 싶었기에 나 또한 기획서를 한 장으로 정리하는 연습을 많이 했다.

이렇게 표 형태로도 많이 정리하지만, 때론 피라미드 형태로도 정리할 때가 있다. 가장 위에 있는 뾰족하고 명확한 목표를 향해 달려가는 느낌이 들게끔.

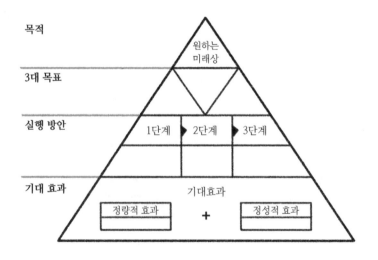

그간 실무에서 그렸던 피라미드 형태의 한 장 요약은 대외비 이슈로 공개가 어려우니 이 책의 내용을 예시로 피라미드 한 장을 만들어보았다. 한 장 정리 시 유의해야 할 것은 앞에서 내가 말한 내용을 다 넣어야 한다는 강박을 갖지 말라는 것. 앞에서 상대방을 이해시키기 위해 설명이 필요했더라도 상대방이 납득한 후에는 최종 한 장 정리에서는 빼도 된다는 것. 이 예시에서 중요한 건 '어떻게 하면 되는가?'인 HOW TO 부분이기에 근거 등은 빼고 이렇게 정리할 수도 있다.

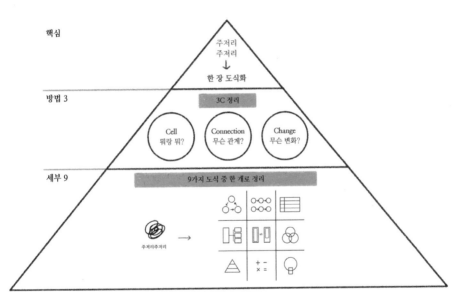

기획서 맨 끝 혹은 맨 앞에 이 피라미드 한 장을 정리해 넣어보시라. 논리가 뾰족해지고 깔끔해진다.

8

공식

주저리주저리   공식 정리

길고 긴 말을 공식으로 정리하는 방법을
3개의 사례로 알아보자.

긴 말을 한 마디로 정리할 때

"결국 뭐라는 거?"에 대답하기 쉬운 방법으로 "뭐에 뭐를 더한다는 겁니다." 혹은 "뭐에 뭐를 뺀다는 겁니다."로 정리할 수 있다. 긴 글을 공식으로 정리하는 방법이다.

유튜브를 보다가 맥심 광고가 너무 명쾌하게 공식으로 정리되어 있는 걸 보게 되었다.

맥심 모카골드 마일드 커피믹스 대비 당류를 25% 감소시킨 커피를,

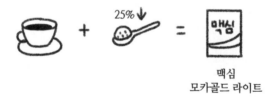

맥심
모카골드 라이트

'커피 − 설탕 25% = 맥심 모카골드 라이트' 공식으로 아주 깔끔하게 정리했다. 기본 블랙커피에 자일로스 슈거를 넣어 쓴 블랙커피를 좀 더 부드럽게 마실 수 있도록 한 커피를,

자일로스 슈거

맥심
부드러운 블랙

'블랙커피 + 자일로스 슈거 = 맥심 부드러운 블랙'으로 정리했다. 뭐랑 뭐가 있는지 요소를 정리한 뒤, '내가 말하는 건 이 2가지를 합친 거야, 혹은 이거에서 저걸 뺀 거야!'라고 이해하기 쉽게 정리해보시라.

뭐하는 곳인지 정리할 때

내가 소속되어 있는 기획스쿨에 대해 "뭐하는 곳이에요?"란 질문을 받는다면, 어떻게 대답해야 할까? 이 공식 정리를 활용할 수 있다.

1. 요소 Cell

뭐랑 뭐?

너무 하고 싶은 말이 많더라도 2개 혹은 3개로 정리해야 눈에 보이니까 기획스쿨에서 진행하는 핵심 교육을 정리해보았다. 이 2~3개 정리가 의외로 얼마나 만만찮은지 실제 워크샵에서는 수많은 내용 중 결국 '핵심 2~3개가 뭐냐'를 정리하는 데에만 며칠을 쓰기도 한다. 서로 중시하는 게 다르기 때문이다. 또 어렵다고 정리 안 하면 아무것도 전달이 안 된다.

기획스쿨의 교육은 기획, 제안, 보고 3가지다.

이걸 그림으로 그리면,

기획의정석

오늘 배워 내일 써먹는
기획 프로세스

기획의
핵심, 원리, 골격

[기획을 시작하는 습관 5]

제안서의 정석

2일 만에
1인1제안서 작성

1인 1제안서
작성부터→발표 코칭까지

[제안 6단계] 소수정예 훈련

한장 보고서의 정석

짧게! 핵심만!
한 장 보고서 작성

한장 보고서의
핵심요약, 구조 문장

[보고서 필살기 7]

2. 관계 Connection

각각은 어떤 관계?

혹은 기획스쿨이 다루는 영역(기획, 제안, 보고)과 교육 진행 방법(강의, 실습, 코칭 등)을 공식으로 정리할 수 있다. 즉 [이런 내용을 × 이런 방법을 통해] 진행하고 있다고.

누군가 알려주지 않아　　　　실습 통해
참 막막한 부분을　　　　체득할 수 있도록

기획스쿨은　　$\begin{bmatrix} 기획력 \\ 보고서 \\ 제안서 \end{bmatrix} \times \begin{bmatrix} 강의 \\ 실습 \\ 작성 \\ 발표 \\ 코칭 \end{bmatrix}$　　#소수정예
#기업대상
#기획교육

우리 기업이 하는 일, 우리의 제품을 어렵게 길게 설명하고 있다면 공식으로 한번 정리해보시라. "그게 뭔데?"란 물음에,

뭐에 뭐를 더한 거야.

뭐에 뭐를 뺀 거야.

라고 대답이 나오도록.

이 상황이 무엇인지 설명할 때

공식 정리는 '뭐랑 뭐가 합쳐져서 이렇게 되었잖아.'라고 구성을 보여 주며 상황을 설명할 때 요긴하다.

'아이들의 사회성이 중요하니 길러줘야 한다'는 이야기를 정리해야 하는 순간이 있었다. 우선 '왜 아이에게 사회성이 길러지지 않았을까?'를 정리해보았다.

1. 요소 Cell

뭐랑 뭐?

사회성을 잃어버리게 된 사회적 요인을 생각해보면 핵가족화, 또래관계 부족을 들 수 있다.

2. 관계 Connection

각각은 어떤 관계?

아이들이 보내는 대부분의 시간을 차지하는 이 2가지 요소가 합쳐져 아이들은 친구를 어떻게 사귀어야 할지 모르고 소통능력이 부족해지고 대인관계가 부족해진다고 정리할 수 있다.

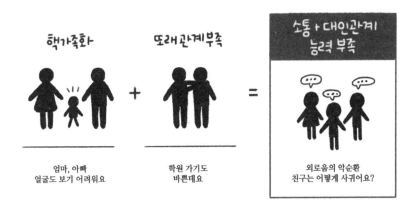

"이것과 이것으로 이렇게 되었습니다."라고 정리하는 것이다.

이를 PPT로 정리하면,

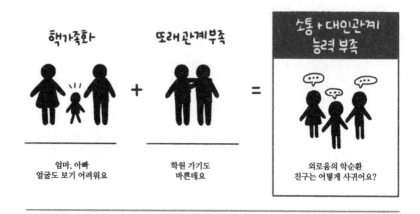

아이 마음속 충족되지 않는 사회성

바뀐 세상, 바쁜 아이들로 잃어버린 사회성

핵가족화 + 또래관계부족 = 소통+대인관계 능력 부족

엄마, 아빠
얼굴도 보기 어려워요

학원 가기도
바쁜데요

외로움의 악순환
친구는 어떻게 사귀어요?

공부시키기도 바쁜데... 어쩔 수 없는 거 아닌가요?

'바빠죽겠는데 어쩔 수 없는 거 아닌가? 사회성이 그리 중요한가?'
반론이 있을 수 있으니 추가해서 정리해야 하는 상황이었다. 그래서 아
이가 똑똑해도 → 대화와 소통을 안 하거나 못하고 → 주변에 사람이
모이지 않으면 → 성공은커녕, 행복도 어렵다는 흐름을 생각했고, 이
흐름에 '사회성이 기반이 될 수 있겠구나'를 느낄 수 있도록 피라미드
형태로 그렸다. 가장 밑에 '사회성'을 넣어서 '저게 빠지면 다 빠질 수도
있겠다'는 느낌이 들도록.

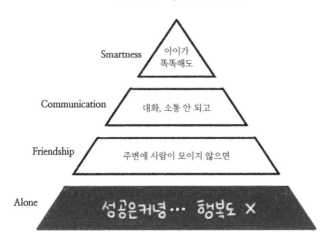

사회성이 그렇게 중요할까?

- Smartness — 아이가 똑똑해도
- Communication — 대화, 소통 안 되고
- Friendship — 주변에 사람이 모이지 않으면
- Alone — 성공은커녕 … 행복도 ✕

[**사회성** = 우리 아이 행복과 성공의 **기반**] 이구나

나 또한 책을 쓸 때 다 쓰고 나서 '그래서 결국 이 책은 뭐야?'를 공식으로 정리하려 노력했다. 사실 200여 쪽 분량의 책을 하나의 공식으로 나타내기는 쉽지 않다. 내가 어려우면 상대방은 더 어려우니 내가 정리해야 한다.

먼저 요소를 살펴본 뒤 합쳐지는 관계를 정리했다. 『한 장 보고서의 정석』의 경우 책을 쓰는 내내 '결국 이 책은 무엇인가?'를 고민했고, 보고서를 쓸 때 가장 어려워하는 3가지, 어떻게 핵심만 요약하는지, 각 보고서별 구조는 어떻게 잡아야 할지, 보고서 문장 특징은 무엇인지 핵심, 구조, 문장 3가지로 나눠 공식으로 정리했다.

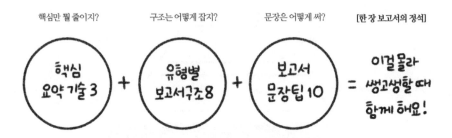

나의 다른 책도 한 장 공식으로 정리해서 책의 뒤 표지에 넣으려고 노력 중이다. 독자님의 글, 사업 소개, 아이디어 구성도 공식으로 그려 보시라. 그런 것을 보여주며 사람들의 피드백을 받고 보강하면 아주 깔끔하게 정리가 된다.

9

이건 마치

주저리주저리   비유 정리

길고 긴 말을 비유로 정리하는 방법을
2개의 사례로 알아보자.

쉽게 이해시킬 때

이 9번째 챕터를 넣을지 말지 고민을 많이 했다. 지금까지 살펴본 8개의 정리 도식이 '좌뇌적' 한 장 도식화로 명확하게 정리하는 거라면, 9번째인 비유 정리는 '우뇌적' 한 장 연상 정리에 가까워 결이 다르기 때문이다. 그럼에도 불구하고 넣는 이유는 좌뇌적으로, 분석적으로 정리를 너무 잘하는 사람들이 많이 듣는 피드백, "좋은데, 한 방이 없네요."에 힌트를 줄 수 있다고 판단되었기 때문이다. 쉽게 말해,

"낮은 자존감은 인생을 어렵게 한다."

라고 말하면 별로 와닿지 않다가,

"낮은 자존감은 계속 브레이크를 밟으며 운전하는 것과 같다."

-맥스웰 몰츠

라고 말하면 더 깊게 와닿는다. 왜일까? 머릿속에 나도 모르게 그림이 그려지기 때문이다. 계속 브레이크를 밟으며 운전하는 장면이.

이렇게 말을 잘하는 사람들은 흩뿌려지는 말만 하고 끝내지않고 **이건 마치 뭐와 같은지 한 방 그림**을 남긴다. '한 방이 없네 = 뇌리에 담아 갈 한 장 그림이 없네'인 경우도 많다. 생각해보자. 나는 말만 하고 끝내는지, 그림 한 장 주고 끝내는지. 그래서 우리가 해야 할 훈련은 내가 말하고자 하는 것이 '이건 마치…' 무엇과 같은지 Key Image 한 장을 보여주며 이야기하는 거다.

발표 자료의 Key Image 하나 남길 때

서울시 도시계획과와 '서울시 도시계획 100년' 발표 자료를 함께 작업할 때였다. 계획 내용만 주루룩 나열하기에는 내용도 너무 많고 핵심이 보이지 않아 발표가 끝나고 기억에 남을 Key Image 하나가 절실했다. 처음에는 100년 계획이니까 '100년'을 넣어 만들었다.

이걸 보고 2% 아쉬웠던 건 100년 계획을 설명하는 것도 중요하지만 왜 100년 계획을 세워야 하는지에 대한 설득도 중요한 상황인데 그게 안 보였기 때문이다. 즉 '왜 100년씩이나 계획을 세우지? 괜히 예산 낭

비하는 것 아닌가?' 하는 의문이 생길 수 있는 상황이었다. 그래서 '왜 100년씩이나 계획을 세워야 하지?'에 대한 답을 좀 더 보여줘야 한다는 생각이 들었다.

도시계획과 담당자님이 가르쳐주시길, 도시계획이라는 게 단기 계획이 세워지고 시정이 바뀔 때마다, 시장이 바뀔 때마다, 정권의 정치 성향에 따라 획획 바뀐다면 서울은 이리저리 바뀌다 망할 수 있기 때문이다. 때로는 성과가 빨리 보이지 않는 건이라도 보여주기식 계획에 급급하지 않고 씨앗을 뿌리는 농부의 심정으로 전체적인 관점에서 서울을 위한 계획을 세워야 하는 부분이 있기에 필요하다고 하셨다.

"이건 마치

씨앗을 뿌리는 농부의 심정으로 하는 거구나."

그래서 단순히 100년인 것만 보여주는 데 멈추지 않고, 100년이 지나고 나면 '서울이 이렇게 성장해서 열매를 맺을 거야'가 보이도록 다시 Key Image를 정리했다.

계획내용만 주르륵   VS.   남길 그림 한 장 '이건 마치'

결국 기억되어야 할 그림이 뭔지 생각해보자. '100년'이 남길 바란다면 전자가 맞다. '100년 후 열매'가 남길 바란다면 후자가 맞다.

뇌리에 한 방을 남길 때

사실 이 경우 작업을 해주는 디자이너가 있어서 다행이었지만, 그렇지 않은 경우에는 아주 간단한 픽토그램이나 사진으로 혹은 최소한 말로라도 '이건 마치' 무엇과 같은지 말해주는 습관을 가져보시길 추천한다.

이것의 가장 대표적인 사례는 뭘까? 스티브 잡스의 발표다. '아, 또 스티브 잡스…' 안다. 나도 식상한 사례라고 생각한다. 하지만 10년 전 발표인데도 이걸 능가하는 사례를 들기 어려울 정도다. 물론 그 외 좋은 사례가 많이 있지만, 이 원리를 이해하기에 가장 대중적이고 쉬운 사례니 이야기해보겠다.

맥북 에어 프레젠테이션 자리였다. 스티브 잡스는 맥북 에어 이야기보다 당시 가장 얇은 노트북의 대명사로 통했던 소니 TZ시리즈를 먼저 칭찬한다.

Weight	3.0 lbs	✔
Thinness	0.8 – 1.2 inches	✗
Display	11- or 12- inch	✗
Keyboard	Miniature	✗
Processor	1.2 GHz Core 2 Duo	✗

그런 뒤 '우리는 이것보다 두께를 얼마나 더 얇게 만들었다.' 하면서 '숫자'와 '비교'를 보여주며 발표를 끝냈다. 여기까지도 대단한 좌뇌적 정리다. 보통 업무에서는 이 정도도 아주 훌륭하다. 하지만 그는 한 방을 더했다.

그는 갑자기 서류봉투를 들었다.

그리고 그 봉투에서 노트북을 꺼냈다.

"맥북 에어는 굉장히 얇다.

마치 서류 봉투에 집어넣을 수 있을 만큼!"

뇌리에 이 한 컷

강렬히 남았다.

스티브 잡스 예시가 식상하다 생각 말고 그 식상할 정도로 아는 것을 적용하고 있는지 체크해보자. 그렇다면 '이건 마치 ○○이야'란 설명이 필요한 이유는 뭘까?

우리 뇌가 '이해'하고 '기억'하는 원리를 생각해보자. 뇌가 이해하고 기억한다는 것은 신경 사이의 연결, 말하자면 뇌에 이미 있는 정보와 새로운 정보가 '연결'됨을 의미한다. 그래서 새롭기만 한 정보는 연결되지 못하고 빠져나간다. 하지만 뇌에 이미 있던 것에(종이를 넣는 봉투) 새로운 것이 연결되면(봉투에 노트북을 넣는다고???) 강렬한 활성화를 일으킨다. 그래서 '이건 마치' 그림을 한 장 남기면 수백만 마디의 말과 글이 그림 한 장으로 기억된다.

한 방이 있다는 건 기억할 그림 한 장이 있다는 것.

그러니 우리 아이디어와 제품에 대한 쉬운 비유를 생각하고 정리해둘 것을 추천한다. 지속적으로 틈틈이 생각해보시라.

이 제품을 쓰지 않는 건 마치…

이 문제를 계속 겪는 건 마치…

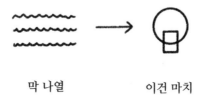

막 나열   이건 마치

#뭐랑 뭔데?
무슨 관계?
#어떤변화?

One Visual Summary 9

적용 후 변화

그리니 남더라

이 강의 내용을 한 장으로?

요즘은 기업 강의만 하지만 강의를 처음 시작했을 무렵, 대학생 대상 강의를 갔을 때의 일이다. 강의 시작 전부터 자던 한 분이 강의 끝에 이렇게 물었다. "그래서 결국 뭐 하라는 건가요?"

나 또한 생각했다.

'그래서 **결국 뭘 하라**는 거지?

스스로도 대답이 안 나온다는 것에 큰 충격을 받았다. 어찌어찌 강의를 끝내고 집에 오는 길에 생각했다. 왜 대답이 안 나올까?

난 하고픈 말이 너무 많았다. 나름 이유를 대자면, 처음 시작하는 이들이라 우선 기반을 다지는 정보를 공유할 게 많았고, 많은 영역이 그렇듯 기획 또한 정답 없는 영역이라서, 이럴 수도 있고 저럴 수도 있기에 딱 부러지게 이야기할 수 없기 때문이기도 했다.

전달할 게 너무 많아서
하나도 전달이 안 되었다.

마치 추석 물류대란처럼 전할 게 너무 많으니 오히려 마비된 것. 나는 이 냉엄한 현실을 마주해야 했다. '결국 뭐라는 거예요?'보다 더 무서운 질문은 '결국 뭐 하라는 거예요?'다. 왜냐하면 상대방을 알게 만들고 끝나는 게 아니라 상대방이 알아듣고 해내도록 만들어야 하니까.

그래서 다음 강의까지 일주일 동안 '나의 300쪽 강의 안에서 말하고자 하는 한 장은 뭔가?'를 정리하기 위해 골몰했다. 꽤 괴로운 시간을 보낸 후, 그다음 주 강의에 가서 화이트보드에 그림 한 장 그려주고, "지난 주 배운 건 이거. 이걸 채우면서 시작해보자" 했다. 한 장으로 정리해 보여줬고, 그들이 해야 할 것도 줬다.

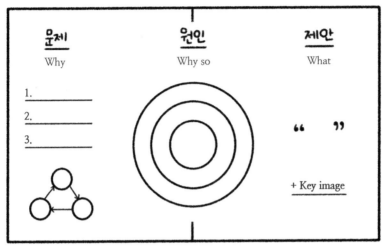

한 장으로 정리된 게 보이니까

조금씩 고개를 끄덕였다.

그리고 이 3WR®은 기획스쿨의 핵심 교육 내용이 되었다. 그 후 기업 강의를 진행한 지 11년 차인 지금, "오늘 강의는 결국 이겁니다." 한 장으로 정리해주면서 시작하거나, 마무리하려 노력한다.

뭔가 배웠는데… 그게 뭔지 vs. **하나는 확실히 남아요**

물론 전달해야 할 내용이 너무 많은 날도 있다. 그럴 때는 한 시간에 Key Image 정리 한 장씩 혹은 개념 하나당 한 장씩 정리하려고 노력한다. 이걸 또 까먹고, 이것저것 다 말하려 하거나 상대방이 궁금하지 않은 썰을 풀려고 할 때마다 내 안에 존재하는 훈련된 자아가 묻는다.

그래서 지금 이 수업의 한 장은?

One Outcome Image는 뭐지?

뭐라도 남겠지

'난 다 말했으니 뭐라도 남겠지'란 생각에 그랬던 것 같다. 실상 하나도 남는 거 없는 흩날리는 강의에서 배달하는 강의로의 변화는 그 주제가 '실용 정보 공유'일 때 필수다.

'이 음악 듣고 떠오르는 대로 춤춰봐.'식으로 영감을 주고받는 예술교육이라면 무관하지만, '이 효과를 얻기 위해 이 동작을 이렇게 해보세요.' 하고 명확한 목표를 가지고 정해진 행동을 상대방에게 기억시켜야 할 때는 훨씬 더 명확하게 전달해야 한다.

스스로에게 묻는다.

예술하고 있나,
배달하고 있나.

네 생각 한 장으로 뭔데?

스웨덴 노벨박물관에서 '스케치 오브 사이언스Sketch of Science' 전시회를 기획했다. 노벨과학상 수상자들에게 전지 한 장과 크레파스를 던져주고, 노벨상 받은 아이디어의 핵심을 한 장으로 그리게 해서 그것을 전시한 것이다.

자신의 생각을 한 장으로 정리하는 건 어쩌면 '기본' 센스다.

이게 훈련되지 않으면 노벨상을 주고 싶어도 못 준다.

"아, 내 머릿속에 엄청난 게 있는데…"

"그래? 뭔데?"

"그러니까 그게 주저리주저리"

"그게 무슨 말이지?"

"그러니까 이게 주저리주저리"

"… (뭔 소리여)"

이 대화의 성과 = 0

아무리 좋은 것이어도 전달되지 않으면 = 0

관련하여 MIT아이디어연구소MIT's Ideation Lab를 이끄는 기계공학 및 공학 시스템 부교수인 마리아 양Maria Yang의 인터뷰에서 '엔지니어의 시각적 사고와 표현의 중요성'을 발견할 수 있다. (출처: MIT News 'Visual thinking for engineers')

양 교수는 본인의 교육 목표는 시각적 사고visual thinking라고 말하면서, MIT에 온 학생들은 수학적 능력이 뛰어나지만, 뛰어난 기계공학자가 되기 위해서는 시각적 사고 훈련이 필요함을 이야기한다.

복잡한 엔지니어링 시스템을 설계할 때, 연구 초기단계에서부터 스케치를 했던 사람들이 더 좋은 결과를 얻는 경향이 있고, 그림을 그리며 스스로 아이디어를 더 잘 이해하게 된다고 이야기한다. 이걸 종이와의 대화a dialogue with the paper라고 한다. 생각이 정리되지 않는 이들에게 종이와의 대화는 필수적인 것이다.

종이와의 대화
A dialogue with the paper

구름처럼 떠다니는 모호한 생각들이 가시화될 때 사람들은 이해하고 이행하고 기억한다. 이미 내 머릿속이 복잡해죽겠는데, 태산같이 높고 높은 정보들을 이고 오는 자의 발걸음을 보는 것만으로도 피곤하고 무거워진다. 이 바쁜 시대, 한 장 도식화 깔끔하게 들고 가서서 환영받으시라.

상대방의 풀린 동공에서 이미 우린 느끼고 있다. 긴 설명이 환영받지 못하는 시대라는 걸. 단순히 환영뿐 아니라 이건 배려의 이슈기도 하다. "제가 말을 좀 못해서요." 라며 길고 긴 시간 빼앗기엔 상대방의 시간도 소중하다. 말 센스만큼 중요한 건 남의 시간을 소중히 여기는 센스. 말하는 사람이 산으로 갈 때, 듣는 사람은 산에 오르고 싶지 않음을 기억하기. '잘 아는 것'도 중요하지만 '잘 알려주는' 것도 중요하다.

잘 안다는 것 vs. 잘 알려주는 것

알기 쉽게 말하는 기술은 상대방 뇌 속에 그림을 그려주는 것이고, 그것의 가장 직접적인 기술 중 하나가 도식화를 그리는 것이다. 물론 도식화를 그렸다는 자체에 취하지 말고, 전달이 목표라는 걸 기억하자.

도식화를 잘한다는 건,

뭐랑 뭐가 있는지를 아는 것

그것들의 관계를 파악한 것

그리고 그것이 일으킬 변화를 아는 것

한 방이 있다는 건,

상대방의 뇌가 쥐고 갈 한 장을

배려하는 마음으로 정리해준다는 것

뿌.

아무도 안 가르쳐주는데 어쩌라고! 아니라고만 하지 말고 방법을 알려달라고! 분노의 이불킥을 하며 좌절하던 20여 년 전의 속 터지는 심정을 기억하며 기획, 제안, 보고, 도식 관련 책 쓰고 연구하며 기업에서 강의한 지 11년 차가 되었다. 아무도 내게 강요한 적은 없지만 '도식화 기본기'까지는 꼭 정리하고픈 마음이 있었는데 드디어 이 시리즈를 마무리 하게 되어 홀가분하다.

내가 가르쳐드리는 기술들은 '뿌' 같은 거라고 생각한다. 우리 아이가 태어나서 양치질이란 걸 시작해야 했던 때, 그 막막함을 기억한다. 양치질까지는 내가 해줄 수 있는데, 문제는 '뿌(양치질 후 물 뱉는 거)'였다. 그녀가 스스로 하게 해야 하는데, 이거 알려주는 게 얼마나 막막하던지. 아니, 맨날 눈 감고도 하던 양치질이 이렇게 어려운 일이었던가?

"린아,

물을 먹지 말고 뱉는 거야. (알아들을까? 약간 걱정되기 시작)

물을 엄마처럼 이렇게 먹고,

아, 먹지는 말고,

머금고 ('머금고'란 단어를 알아들을까? 걱정)

이렇게 뿌- 뱉는 거야.

뿌 해봐."

몇 번이고 시범을 보이니 그녀가 따라했다. 처음 해보는 만큼 아이는 물을 꿀꺽 먹기도, 주르륵 옷에 다 흘리기도 해서 그 사소한 '뿌'가 어찌나 비장한 교육이었는지.

그리고 그녀가 처음으로 깔끔하게 '뿌'를 해낸 날, '우리 린이 천재 아니니?' 하며 남편과 나는 거의 환호했다. 그리고 지금 4살이 된 그녀에게 '뿌'란? 어떻게 하는지 의식조차 안 하고 잘한다.

세상 일이 대부분 그런 거 아닌가 싶다. 아무것도 모르는, 처음 하는 사람에겐 참 속 터지고 힘들지만, 자꾸 하다 보면 결국 어떻게 하는지조차 의식하지 않고도 할 수 있게 된다. 물론 일의 난이도에 따라 걸리는 시간은 다르지만 그래도 갈수록 조금씩 나아진다. 함정은 계속 새로운 뿌가 생긴다는 것. 그래도 겁먹지 말 것. '이건 그냥 뿌일 뿐이야.' 귀엽게 시작해보자.

이번 책을 마무리하며 생각해보니 나는 막연한 정보를 쉽게 정리해서 알려주는 걸 좋아하는 것 같다. 이 책을 쓰다가 생각난 건데, 제일기획 다닐 때, 남들은 다 아무렇지 않게 잘 해내는(것처럼 보이는) 정산 업무가 나에겐 그렇게 그렇게 어려웠다.

"그거… 용어가 뭐라구요?"
"그거 다음 뭘 어떻게 해야 한다구요?"

아무리 들어도 기억되지 않고 정리되지 않는, 전체 그림이 그려지지 않던 그 업무. 가끔 눈물이 고이기도 했다. 나에겐 꽤 진지했던 어려움이었다.

그래서 아무도 시키지 않았는데 정산 매뉴얼 책을 만들었다. 해봤어도 늘 새롭게 느껴지는, 기억력이 좋지 않은 나를 위해, 혹은 나 같은 이를 위해. 당시 매우 존경하던 후배의 별명을 넣어 '○○의 정산 매뉴얼'이라고 이름 붙여서.

시작하는 사람은 정산의 '뭐랑 뭐'가 있는지, 어떤 흐름이 있는지, 전체 그림을 모르니 답답하고 알아듣지 못한다. 하지만 익숙한 입장에서는 당연한 걸 왜 물어보나 싶은 마음이 드는 것도 당연하다. 그래서 전체적으로 무엇이 있는지 그 단계별로 뭘 대응해야 하는지를 정답은 아니더라도 대충 '다들 어떻게 하고 있는지'만 정리해줘도 큰 도움이 되니 그렇게 정리했다.

- ○ **요소** 정산의 전체 구성(무엇 무엇이 있는지) 핵심 정리
- ○ **관계** 후배님 이름 넣어 ○○가 정산하는 순서대로 정산 흐름 정리
- ○ **변화** 상황별 대응 정리

지금은 모르겠지만, 몇 년 전에 만난 동료에게서 그 매뉴얼이 아직도 간헐적으로 전해 내려오고 있단 이야길 들어 깔깔깔 웃었다.

"그거 엄청 옛날 거잖아요?"
"기본 내용이 있어서 아직도 처음 하는 분들에게 도움돼요."

스스로 생각이 너무 많아서 정리가 하나도 안 된다는 강박에, 기억력이 너무 안 좋아서 일상 업무 하나 제대로 못한다는 약점 때문에 시작하게 된 도식화. 의식적으로 더 신경 써서 하다 보니 오히려 다른 사람에게 그것을 시작하는 방법을 알려주게 된 지금, 이 상황이 묘하다. 이 말씀이 떠오른다.

약할 그 때에 곧 강함이니라. (고린도후서 12:10)

My power is made perfect in weakness.

약해서 강해진, 인생의 역설에 오묘함과 겸허함을 느끼며 이 글을 마친다. '아… 그러니까, 이걸 어떻게 설명해야 할지…' 스스로도 난감했던 나 같은 이들에게 요긴한 기술이 되길 바란다.

막막할 때 함께하는

〈기획 교과서〉 시리즈

아이디어 내라고?
막막…

기획을 시작하는 10가지 습관

기획의 정석

제안서 써오라고?
막막…

제안서 작성 6단계 & PPT파일 다운받아 작성

제안서의 정석

이 많은 걸 1장정리?
막막…

핵심 정리 기술 3 & 보고서 펼살기 10

한 장 보고서의 정석

주저리주저리… 뭔소린지.
막막…

주저리주저리를 없애는 도식화 기술 9

산으로 가지 않는 정리법

memo

memo

memo

memo

산으로 가지 않는 정리법

초판 1쇄 발행 2021년 3월 5일
2쇄 발행 2023년 7월 5일

지은이 박신영
펴낸이 오세인 | 펴낸곳 세종서적(주)

주간 정소연 | 편집 장여진
표지 디자인 this-cover.com | 본문 디자인 HEEYA | 본문 그림 린지
마케팅 임종호 | 경영지원 홍성우
인쇄 천광인쇄

출판등록 1992년 3월 4일 제4-172호
주소 서울시 광진구 천호대로132길 15, 세종 SMS 빌딩 3층
전화 경영지원 (02)778-4179, 마케팅 (02)775-7011 | 팩스 (02)776-4013
홈페이지 www.sejongbooks.co.kr | 네이버 포스트 post.naver.com/sejongbook
페이스북 www.facebook.com/sejongbooks | 원고모집 sejong.edit@gmail.com

ISBN 978-89-8407-806-2 03320

One Visual Summary 9®

긴 글을 도식화하는 9가지 방법

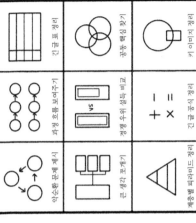

긴 글 표 정리	공통 핵심 찾기	키 이미지 정리
과정 흐름 보여주기	경쟁 우위 설득 비교	긴 글 공식 정리
악순환 문제 제시	큰 생각 조개기	계층별 피라미드 정리

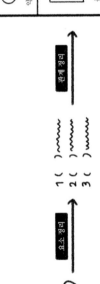

요소 정리

1 ( ) ~~~~~~
2 ( ) ~~~~~~
3 ( ) ~~~~~~

관계 정리

『산으로 가지 않는 정리법』 박신영 지음